Notes relatives

A DES

MÉGALITHES

récemment découverts, peu connus ou disparus
du Département de la Gironde

AVEC UN

Catalogue complet des monuments et emplacements préhistoriques
relevés dans la région

PAR

EDMOND AUGEY

PROFESSEUR DE LANGUE ALLEMANDE

(5ᵉ SÉRIE)

Prix : 2 francs 50

BORDEAUX

FERET ET FILS, LIBRAIRES-ÉDITEURS

Cours de l'Intendance, 15

1908

1

Notes relatives

A DES

MÉGALITHES

 récemment découverts, peu connus ou disparus
du Département de la Gironde

AVEC UN

Catalogue complet des monuments et emplacements préhistoriques
relevés dans la région

PAR

EDMOND AUGEY

PROFESSEUR DE LANGUE ALLEMANDE

———+———

(5me SÉRIE)

Prix : 2 francs 50

BORDEAUX

FERET ET FILS, LIBRAIRES-ÉDITEURS

Cours de l'Intendance, 15

1908

Ouvrages du même Auteur

*Se trouvent chez MM. FERET et Fils, Libraires-Éditeurs,
cours de l'Intendance, 15, à Bordeaux.*

Table des Matières

LES MÉGALITHES

récemment découverts,

peu connus ou disparus du département de la Gironde

Coup=d'œil rétrospectif et simple avis

J'ai déjà publié quatre ouvrages sur les édifices préhistoriques de notre contrée, le dernier, fin Juin 1907. Depuis cette époque, de nouvelles découvertes ont été faites et le champ qui les a fournies, jusqu'ici incomplètement exploré, n'est probablement pas épuisé. L'insuffisance de mes moyens, relativement aux fouilles fréquemment exigées par la situation des mégalithes, me réduit, touchant quelques-unes de ces heureuses trouvailles, au rôle d'écho, que je remplis avec joie, désirant vivement, mais n'espérant guère, vu mon âge, réaliser le rêve de mes vieux jours : **La Nomenclature spéciale et COMPLÈTE des Monuments mégalithiques du département de la Gironde**. La question présente une éventualité grosse de conséquences d'importance primordiale pour l'anthropologie. Que renferment les dolmens girondins encore sous tumulus ? Serait-il déraisonnable de croire qu'à la suite de recherches futures, parmi les objets exhumés pourrait figurer le document essentiel et sans équivalent connu ? Sachons cependant limiter nos vœux les plus légitimes. Quiconque attendrait, de ces investigations, un spécimen achevé du Pithecanthropus s'exposerait à une déception (*). Nous nous contenterions de résultats moins sensationnels, toutefois décisifs, sur lesquels l'état des connaissances acquises autorise à compter. Continuant ses conquêtes, la science avance constamment dans des régions environnées d'épais brouillards, fermées par des hauteurs inaccessibles, des profondeurs insondables et, hier encore, inabordables en apparence. Elle sut découvrir l'accès de ces mystérieux espaces et, au-delà du cercle de ténèbres, la lumière a jailli, éclatante, transformant l'hypothèse en réalité. « Nous savons que l'homme « est sorti, vers la fin de l'époque tertiaire, d'animaux « pithécoïdes » (**). — « Dans la période tertiaire, « l'homme avait déjà fait son apparition sur la terre. « Nul poème, nul chant héroïque ne nous redit son « histoire ; mais là où la voix de la tradition est « muette, où la chronique de l'humanité consciente « se tait, les pierres nous parlent. — Il n'y a plus « de doute aujourd'hui que l'homme, au sens véri- « table du mot, remonte jusqu'au milieu de l'époque « tertiaire, c'est-à-dire jusqu'au temps des forêts « tropicales du type africain. Dans des couches de « cette époque, que les savants désignent sous le nom « d'époque « miocène », on a trouvé récemment « en France des silex artificiellement taillés, qui « ressemblent jusque dans leurs moindres détails à « certains outils en silex de date plus récente et de

(*) Ce n'est pas, en effet, sous notre latitude qu'on peut espérer trouver le « type originaire. « Falls es überhaupt je gelingen sollte, den Ursprung der « Menschheit festzustellen, so sprechen viel mehr Gründe für deren Ent- « stehung in den Tropen, als in den noerdlichen Gebieten ». — 39. Deutscher Anthropologenkongress. — Frankfurt am Main. 4. August 1908. — Berliner Tageblatt. N° 398. 7. August 1908. I. Beiblatt.

(**) Ernest HAECKEL. Le Monisme, page 75. Schleicher frères, Paris.

« l'espèce la plus grossière, travaillés à n'en pas
« douter par la main de l'homme. — Ce qui est
« certain, c'est que l'ancêtre commun, qui doit avoir
« ressemblé extraordinairement au Pithecanthropus,
« au moins quant à la structure de son crâne et de
« ses jambes, vivait déjà avant l'époque miocène,
« c'est-à-dire dans le premier tiers de la période
« tertiaire. C'était l' « homme » d'alors, un être
« capable de procréer un homme, etc. » (*). — Le
charme de ces travaux n'a pas diminué. Il va crois-
sant chez mes honorés lecteurs. Pénétré de reconnaissance, je reçois la gracieuse manifestation,
l'amical témoignage de l'attrait que leur inspire cette
grave étude et les invite, comme d'habitude, à
prendre, lorsqu'ils en auront le loisir, le chemin des
mégalithes récemment ajoutés au trésor préhistorique local par la Société archéologique de Bordeaux,
ou relevés au cours de mes observations person-
nelles.

Par expérience et dans leur intérêt, je recommande
mon itinéraire aux touristes partant de notre ville
pour visiter les mégalithes du département. Les
archéologues, préoccupés de la partie scientifique,
se bornent généralement à désigner les localités,
quelquefois les domaines, où se trouvent les monuments. Le périmètre des communes est souvent fort
étendu et certaines propriétés sont très vastes. Les
ruines, but de l'excursion, presque toujours cachées
dans l'épaisseur des bois, ne s'aperçoivent qu'à une
petite distance. Des renseignements précis s'impo-
sent. Quand, novice sur ce terrain, je commençai
mes opérations, je me rendais directement au centre
des bourgades, afin de recueillir les informations

(*) Wilhelm BOELSCHE. La descendance de l'homme, pages 8, 31, 33.
Schleicher frères, Paris.

nécessaires. Quantité de personnes interrogées ignoraient totalement ce dont il s'agissait. En maintes occasions, après avoir obtenu une réponse satisfaisante, j'ai dû revenir sur mes pas de plusieurs kilomètres, étant passé, sans m'en douter, tout près des édifices, invisibles derrière le rideau forestier ou les renflements du sol. Et combien de fois, poursuivant obstinément des explorations rendues difficiles par des explications mal formulées, errant, aux approches du soir, à travers la campagne déserte, égaré dans des sentiers inconnus, je m'estimai heureux de rencontrer quelqu'un qui sût enfin me diriger avec exactitude ou voulût bien m'accompagner. Muni de mes indications, le voyageur n'éprouvera aucun désagrément pareil à ceux que j'ai subis et deviendra même, pour ses amis, un guide expérimenté.

Le Menhir de Beutre

(près Bordeaux)

~~~~~~~~~

Ce monolithe préhistorique était classé parmi les
disparus (*), quand je me mis à sa recherche,
sans grand espoir de le retrouver. Affligé d'un
pessimisme justifié, je possède néanmoins un
fonds d'espérance, grâce auquel j'arrive toujours à
surmonter ma première disposition.

Je savais, de source autorisée, que le menhir
avait existé. Il fut jadis l'objet d'une légende dont
j'eus connaissance, il y a quarante-cinq ans, par
un négociant, alors très âgé, né dans une impor-
tante localité voisine, où il continuait le commerce
hérité de ses parents. A cette époque, je concen-
trais mes forces sur des travaux professionnels et
n'éprouvais aucune velléité de les négliger en
faveur d'études anthropo-archéologiques, absorbantes
si on les poursuit consciencieusement, et exigeant
des ressources qui me manquaient. Or, je ne puis
rien faire à la légère ni mener activement plusieurs
choses de front : nul ne peut servir deux maîtres.
Le devoir d'abord; le reste, suivant son degré
d'urgence ou d'utilité. Je conservais le souvenir
du récit de mon vieil ami. La légende n'est pas
une base sérieuse, dira-t-on. Si, lorsqu'on l'analyse.

(*) *Société Archéologique de Bordeaux.* Tome XXVIII, page 62.

Elle naît toujours d'un fait réel, amplifié, fréquemment dénaturé par la tradition. Il faut mûrement examiner, afin de rejeter les altérations, effets de l'ignorance et, souvent, fruits d'une tactique intéressée. Donc, le 29 Novembre 1907, par le chemin d'Arès, La Glacière et le Chemin-Long, je me dirigeai vers Beutre.

Certains mégalithes se cachent. Celui-ci est demeuré si longtemps enterré qu'il paraît heureux de jouir, libre et dégagé, des bienfaits de sa résurrection. Il s'étale, couché de biais au bord de la route, à gauche, presqu'en face et quelques pas au-delà de la chapelle, au centre du village, et semble offrir, comme un siège rustique, sa robuste échine rembourrée de mousse au promeneur fatigué. Les diverses manipulations qu'il a subies lui ont causé des éraflures ne l'endommageant pas trop et, sans être de proportions colossales, il tient encore gaillardement sa place au soleil. A travers la végétation qui le recouvre, il m'a paru de nature calcaire oolithique, d'un grain extrêmement serré. La présence de cette roche étonne l'observateur, car la région est dépourvue de pierre. Le bloc, entièrement fruste, mesure 82 centimètres 1/2 de longueur, 52 de largeur et 42 d'épaisseur.

Aux termes de la légende, dont je rapporte seulement la partie vraisemblable, on aurait vu, de temps immémorial, à Beutre, un assez grand nombre de menhirs alignés. Rien n'aidait à conjecturer leur destination. Ils excitèrent constamment la curiosité, parce que la pierre faisait totalement défaut dans le rayon et qu'on ignorait quand, par qui, pourquoi et comment ces monolithes avaient été apportés et érigés symétriquement sur cet emplacement. Après le morcellement

des héritages, chacun des nouveaux propriétaires
des menhirs utilisa les siens suivant ses conve-
nances. Quelques-uns furent probablement affectés
à des usages domestiques, comme je l'ai constaté
sur d'autres points (*), ou façonnés en objets
industriels, à l'instar de *Las Peyras brunas* d'Exci-
deuil, devenues des enclumes, et que je n'ai
mentionnées qu'incidemment (**), m'étant imposé
de traiter, si possible, notre département à fond,
avant de passer à un autre. Ici et ailleurs, la
plupart de ces quartiers de roc, vu leur dureté
et leurs dimensions, servirent à des fondations (***).
Tel fut le sort de celui-ci, qui se dressait
autrefois au bord du chemin, à peu près à
l'endroit où il gît aujourd'hui. Bien longtemps
après l'ensevelissement du bloc, la maison qu'il
soutenait vint à menacer ruine. On acheva d'en
renverser les vétustes murailles, et le mégalithe,
retiré des décombres, puis déposé à sa place
actuelle, se trouva réoccuper son antique poste.
J'ai eu confirmation de ces derniers renseignements par M. Hostein, buraliste à Beutre, tandis
qu'il m'accompagnait au mégalithe, avec une
complaisance dont je lui suis fort reconnaissant.
On ne démolira certainement point des habitations pour rechercher et exhumer les autres
monolithes; mais puisque cette pierre reste l'unique vestige disponible du monument mégalithique
détruit, on devrait la relever, lui créer un piédestal

(*) Edmond AUGEY. *Notice sur les Dolmens et les Menhirs du département
de la Gironde.* Pages 11, 14, 29, 37, 38, 44. — *Supplément à ma Notice sur
les Monuments préhistoriques du département de la Gironde,* etc., page 30.

(**) Edmond AUGEY. *Le Cromlech du Jardin-Public de Bordeaux,* etc.,
page 21.

(***) Edmond AUGEY. *Recherches complémentaires sur quelques Monuments mégalithiques du département de la Gironde,* etc., page 28.

et une bordure de gazon, la munir d'une inscription, en un mot, la disposer de telle sorte qu'elle
rappelât un édifice préhistorique intéressant, seul
groupe mentionné dans cette zone.

Il y a eu, disais-je, d'autres mégalithes à Beutre
et tous ne furent probablement pas enfouis, ou transformés pour un usage déterminé. Malgré qu'une
vaste étendue du territoire de la commune, située en
pleine lande, ait été déboisée, le pays renferme encore des forêts au sein desquelles pourraient se
trouver plusieurs de ces mystérieuses pierres. D'activité moyenne en elle-même, la localité, traversée
par un superbe chemin vicinal large et rectiligne,
est le siège d'un va-et-vient commercial continuel.
Le village et ses alentours s'animent d'une vie intense
à l'occasion des manœuvres de campagne de notre
garnison. Tous les recoins forestiers, les refuges les
plus reculés, les taillis les plus épais, les broussailles
les plus touffues, les fourrés les plus impénétrables
sont alors fouillés par nos guerriers. Un jour, peut-
être, au cours de semblables opérations militaires,
découvrira-t-on quelque nouveau menhir, jalonneur
multiséculaire d'armées demeurées sans annales et
dont il marque encore le passage.

A cause de l'heure avancée et du poids de la
pierre, qu'un homme seul manierait difficilement,
je n'ai pu voir la face touchant terre. Mon examen,
incomplet mais attentif, m'a néanmoins suffi pour
m'amener à penser que le monolithe n'est pas gravé,
car, s'il l'était sur sa partie en contact avec le sol,
les traces devraient en être apparentes au pied du
profil. Ici, la tranche n'accuse pas, à sa base, le
prolongement d'une cavité, d'une sinuosité, d'une
saillie. La gravure aurait-elle occupé le milieu du
côté invisible, sans en atteindre nulle part l'extré-

mité, on eût probablement tourné la face entaillée vers l'extérieur, afin de faciliter la vue et l'étude de ces signes. Ne pouvant trouver, en l'objet lui-même, aucun indice sur son origine, mon enquête a changé de direction.

Plusieurs communes de la région située à l'ouest de Bordeaux, entre notre ville et la mer, portent des noms où l'on reconnaît des racines germaniques. plus ou moins modifiées. *Le Teich;* en allemand, **Teich** = étang, petite pièce d'eau, jas d'un marais salant. *Audenge;* **Au** = tourbière, terme usité particulièrement en Bohême; **Aue** = bas-fond humide, prairie basse et herbeuse, pré, plaine verdoyante et fertile; **Enge** = étroitesse, espace limité, rétréci, étranglé, rétrécissement, passe étroite, étranglement, défilé. *Lège;* **Lege** = couche, ponte, javelle (tas de blé). *Andernos;* **ander** = autre; **andern,** forme plurielle déclinée. Il est possible qu'à une époque lointaine quelque tribu dissidente, venue du nord-est de l'Europe, se soit arrêtée, au cours de sa migration vers l'occident, sur ces espaces riverains de la grande voie océanique et y ait fondé une colonie étendant ses incursions jusqu'à Beutre, puis fusionnée ultérieurement avec la population autochtone du voisinage. **Beute** = butin, prise, capture, curée, proie, ruche pratiquée dans la forêt; **beuten** = butiner, faire du butin, marauder, piller, peupler une ruche d'abeilles sauvages. Je ne donnerai pas la liste complète des vocables de même racine, attendu qu'ils n'apporteraient, dans la question, aucun élément décisif. La terminaison, anormale au point de vue philologique où je me place, du nom de la localité provient vraisemblablement de l'irrégularité de création d'un pluriel que le mot ne comporte point, ce qui, d'ailleurs, arrive encore aujourd'hui, malgré grammaires et lexiques, pour des substantifs sans pluriel .et d'autres en ayant un différent, régulièrement formé. Des publicistes relativement instruits abusent lourdement et inconsidérément, dans l'emploi de la langue allemande, du pluriel en **er**, comme aussi de l'inflexion, et là ne se borne pas le mal. Quand ceux qui devraient donner le bon exemple commettent des fautes, les présomptueux ignorants, égalitaires avec leurs supérieurs, infatués vis-à-vis de leurs pareils, cruels et méprisants envers ceux qu'ils considèrent comme leurs inférieurs, y prennent autorisation et encouragement à se vautrer largement dans l'absurde. Et la contagion gagne du terrain, non irrémédiablement cependant, car il n'est pas de maux qu'on ne puisse guérir, si on le veut fermement et les combat à temps. Admettant l'hypothèse sympathique, faut-il voir, en ces fugues, le désir de simplifier des expressions trop longues et de procurer au langage plus de concision? Nullement. Snobisme, d'après l'aveu de quelques-uns; tendance à se singulariser. *L'Union générale linguistique allemande* multiplie ses objurgations. Elle a beau rappeler que la langue du pays, avec ses antiques et indestructibles racines, ses règles immuables, riche et souple instrument aux mains de ceux qui savent le manier, possède, en substance, toutes les ressources exigées par les besoins de ses nationaux et ne doit rien emprunter à l'étranger. Peine perdue; vaines remontrances. Si les choses continuaient à aller leur train désordonné, la langue commerciale en particulier deviendrait un logomachique galimatias inintelligible, ne se rapportant à aucun dialecte connu. Je suis Français et n'ai pas à faire la leçon aux Allemands. Leurs erreurs ne me laissent pourtant point indifférent, tellement la déraison, l'incorrection, le défaut d'harmonie blessent mes instincts spontanés, mes dispositions innées. Il existe une région supérieure internationale où, en dépit d'ardentes concurrences, de divergences fondamentales et de malentendus gros de redoutables conséquences, les esprits élevés du monde entier communient, désintéressés, dans la recherche de la vérité, l'exercice de la justice et le culte du bon goût. Allemands, qui voulez une révolution en matière linguistique — comme certains de mes compatriotes, titulaires d'imposants diplômes, souhaitent une grotesque réforme de l'orthographe, grâce à laquelle ils pourraient dissimuler leur stupéfiante ignorance — vous recommenceriez la tour de Babel et n'aboutiriez qu'à l'anarchie du langage. Attendez le progrès véritable d'une sage et naturelle évolution. Les bonnes habitudes méritent d'être conservées. Elles sont le legs de siècles de patience, d'observation, d'expérience. Les anciens déployèrent autant d'activité, d'ingéniosité qu'on en constate chez les modernes et furent plus consciencieux. Malgré sa flexible beauté, sa grâce, son énergie, sa douceur, son éclat, son charme et la profonde admiration qu'inspirent les ouvrages de nos gloires poétiques et littéraires, la langue française actuelle, comparée à celle de Rabelais au point de vue de la science et de l'art : richesse et pureté des sources, formation, dérivation des mots, a subi des dommages en ne suivant pas, dans son développement, la voie rationnelle, c'est-à-dire, en accordant trop facilement libre accès à la fantaisie, au détriment de la logique et de l'impeccable ordonnance puisées, au début, à l'œuvre immense qui domine le moyen âge et reste aujourd'hui peu étudiée, ne fût-ce qu'à titre de curiosité, probablement parce qu'elle n'émane point et ne saurait évidemment émaner de l'un de ces soi-disant *génies* du Nord, plutôt *talents* incontestables, redevables, inconsciemment peut-être et parfois indirectement, de l'essentiel de leur avoir à l'influence du Midi (*). Apprenez donc notre langue comme nous avons appris la vôtre et n'en parlez qu'une en même temps, nette, indépendante, tout imprégnée de la saveur originelle. Surtout, si vous prenez dans nos vocabulaires quelques termes à votre gré, ne vous évertuez pas systématiquement à les rendre incompréhensibles par la création de mots formés en opposition à leur génie intime et dépourvus d'une claire analogie avec celles de nos expressions que vous tentez de germaniser sans succès ni profit.

Ainsi, suivant mon hypothèse au sujet de Beutre, **ter** prononcé **tr'**, conformément à la règle élémentaire concernant l'**e** muet, serait devenu *tre*. Quoique je considère ces remarques comme une indication positive, je me garderai d'en faire des fondements bien établis, les matériaux étant encore trop rares. Espérant que l'avenir en augmentera le nombre, je ne cesserai de recueillir les documents paraissant susceptibles de contribuer à l'obtention d'une solution tant désirée.

La nuit tombait. Avec le jour déclinant s'affirmaient les deux grands courants d'équilibre, de compensation. De la terre montaient vers le ciel les accents de la vie; du ciel descendait sur la terre l'invitation au repos. Heureux de la tâche remplie, je m'éloignais, sans hâte, dans la pénombre diamantée par la clarté des étoiles, plus vive à mesure que le crépuscule se faisait ténèbres. De tous côtés

---

(*) Friedrick NIETZSCHE. « Je ne crois qu'à la culture française... Les « quelques cas de haute culture qu'on rencontre en Allemagne sont tous « de provenance française. »

s'élevaient des rumeurs champêtres : mélodies ébau-
chées par la brise à travers la forêt ; voix graves ou
plaintives des troupeaux regagnant l'étable ; carillon
de leurs cloches et clochettes ; chansons lentes et
monotones des pâtres, entrecoupées de brefs appels
à leurs bestiaux s'attardant aux buissons ; derniers
coups de marteau du forgeron sur l'enclume.....
Et tous ces bruits s'éteignirent graduellement en de
vagues ondulations. Seuls troublèrent le silence mes
pas sur la route où, de loin en loin, des maison-
nettes échelonnées, la lueur adoucie de la lampe
derrière les rideaux éveillait chez le passant, à demi
absorbé dans son rêve, de sereines images d'intérieur
paisible, de familiale intimité.

Les Dolmens de Peyrelebade

(près Saint=André=de=Cubzac)

Ces restes mégalithiques, jusqu'à présent brièvement mentionnés (*) et non décrits, se trouvent au hameau de Peyrelebade, situé à un kilomètre environ au nord-ouest de Saint-André-de-Cubzac, près du port de Plagne. Ils n'attirent guère l'attention de la population du lieu, de sorte qu'on n'obtient pas immédiatement des renseignements précis sur leur emplacement. En conséquence, j'engage les touristes à noter exactement les indications que j'ai mûries à loisir sous les rudes caresses du mémorable ouragan du 6 Mars 1908, avant-coureur de l'équinoxe. Bousculé, cinglé par des rafales extrêmement violentes de vent, de pluie, de grêle, accompagnées de la foudre, trois fois meurtrière dans la région, en cette journée employée probablement par la majorité des archéologues à excursionner au coin du feu, ce dont je ne saurais les blâmer, car j'aurais moi-même différé mon voyage, si j'avais prévu pareille fête, je pataugeais à travers champs, dans les terres labourées, les sentiers défoncés, coupés d'intervalles inondés barrant le passage et forçant à s'en détourner, pour rencontrer plus loin des

(*) *Société Archéologique de Bordeaux*. Tome XXVIII, page 64.

fondrières analogues. J'allais toujours, appréciant
mieux que jamais le bienfait des bonnes routes
et des parcours réduits, quand d'obligeants voisins
me prévinrent qu'il serait périlleux d'avancer
encore, la proximité d'une carrière rendant ces
parages, d'ailleurs domaine privé, dangereux par
des temps semblables. En effet, une couche mince
de terrain détrempé, amalgamé avec des touffes
d'herbe spongieuse, cache d'assez profondes cavités
du sol boursouflé par les eaux, aplani pendant
la sécheresse et, seulement alors, abordable en
toute sécurité, dans sa dépression naturelle. Un
enlisement relatif eût été le comble ! Attendez
donc le soleil et le calme des éléments pour
visiter ces intéressantes ruines.

Je dois l'itinéraire ci-après à la complaisance
des dignes cultivateurs qui surent si à propos me
tirer d'embarras. Ils ne dissimulèrent pas leur
étonnement de voir un citadin s'exposer à ce qu'ils
appellent « le coup de la mort », dans l'unique but
de contempler quelques vieilles pierres, cependant
fort remarquables à leurs yeux, car ils parlent
avec admiration des huit couples de bœufs qui,
attelés, ne purent qu'à grand'peine déplacer l'un
de ces blocs, aujourd'hui brisé. La tempête ne
diminuant point d'intensité, je déférai docilement
aux conseils des braves gens auxquels je devais
également de n'avoir pas risqué de devenir victime
d'un accident peut-être grave et fis demi-tour,
remettant à des jours meilleurs le soin de faire le
nécessaire, afin de fournir à mes lecteurs un rapport
complet. Ma prolixité aura, je me plais à l'espérer, une excuse auprès d'eux : mon souci constant
de leur éviter toute incommodité, tout désagrément,
au cours de leurs promenades archéologiques.

La semaine suivante, par une de ces tièdes jour-
nées ensoleillées où, grâce à notre climat tempéré,
la nature, qui déjà se réveille de son sommeil
d'hiver, ébauche les premiers sourires du printemps,
j'ai renouvelé ma tentative, cette fois concluante.
En quittant la gare de Saint-André-de-Cubzac, il
faut prendre l'avenue de gauche, passer devant
l'église, la contourner et suivre la route de Bourg
dont elle constitue l'un des côtés, le point de
départ. Lorsqu'on a laissé derrière soi, d'abord le
poteau-indicateur placé à gauche, à peu de distance,
puis la magnifique allée de tilleuls se dirigeant
vers la rivière et conduisant au portail de la propriété de M. Mortier, qui renferme les fragments
d'édifices préhistoriques, objets de ce chapitre, on
prend, toujours à gauche, le petit chemin aboutissant à la carrière inexploitée de Port-Augey. A
la partie supérieure du versant occidental de l'éminence qu'elle forme, en face de la métairie sise
au creux du vallon, entre les rochers et le rivage,
nous voyons huit blocs calcaires, de dimensions
inégales, enfoncés dans le sol. Le plus volumineux
mesure 1 mètre 68 de largeur, 1 mètre 09 d'épaisseur et dépasse terre de 1 mètre 70. Ce sont les
restes d'un dolmen orienté du levant au couchant.
A quelques mètres au nord, on aperçoit, faisant à
peine saillie, trois autres pierres, vestiges des supports d'un second dolmen moins distinct que le
précédent, mais d'une parfaite rectitude d'orientation est-ouest. Au sommet du mamelon, sur le
bord du plateau où le terrain se dérobe brusquement, coupé par le front de taille de la carrière,
on a rangé en ligne et superposé une grande
quantité d'énormes monolithes, afin de munir d'un
garde-fou cette crête à pic sur le vide et dépour-

vue de parapet. Les proportions et la conformation
de ces quartiers de roc montrent que bon nombre
ont appartenu à des monuments mégalithiques,
détruits à une époque inconnue. Considéré depuis
cette terrasse, le site, en son aspect général, offre
de l'analogie avec celui du dolmen d'Anglade,
traité en ma quatrième publication : même position
au faîte d'un tertre; pareil cadre d'un bouquet
d'arbres au feuillage sombre, quoique d'essence
différente; florissants vignobles s'étendant à perte
de vue dans la plaine environnante. Et, ainsi que
là-bas, à l'occident, se confondant avec l'horizon,
surmontée d'un dais aérien de nuages diaphanes,
telles les blanches, translucides vapeurs de l'encens
du triomphe, l'imposante Gironde descend majestueusement vers son embouchure, ici, la pittoresque
Dordogne, qui vient de refléter sur sa route tant
de rives enchanteresses, coule paisible, comme
recueillie en un songe d'éternelle beauté, vers son
confluent.

Je manquerais au plus élémentaire des devoirs et
me priverais d'une bien vive satisfaction, si je n'adres-
sais mes remercîments profondément sentis et les
mieux mérités à M. Joseph Cambredou, cultivateur
du domaine de M. Mortier. Doué d'un esprit très
ouvert, d'un jugement exercé, et possédant une
instruction sérieuse dont il ne fait point étalage,
mon dévoué compagnon m'a rendu de véritables
services durant les difficiles recherches couronnées
des résultats consignés en ces pages. Sa com-
préhension spontanée de principes géologiques et
archéologiques a simplifié pour moi des investigations qui, mal dirigées, auraient été souvent fatigantes et sans intérêt. Maintes fois aussi, sur ce sol
raboteux, aux couches heurtées, hérissé d'obstacles

et très escarpé à certains endroits, son bras robuste
m'évita des chutes et me facilita l'ascension de pentes
abruptes. Je prie donc mon aimable guide d'accepter
le témoignage de ma sincère gratitude et de croire
que les circonstances dans lesquelles j'eus le plaisir
de faire sa connaissance demeureront l'un de mes
meilleurs souvenirs.

Le Dolmen de Lamotte

(près Cissac)

Ce titre évoquera un souvenir chez mes lecteurs.
J'ai déjà eu l'occasion de citer le dolmen, avant de
lui consacrer un chapitre spécial (*). Les renseignements que j'avais sur son compte, quand je le men-
tionnai pour la première fois, n'étaient pas rassu-
rants. Endommagé lors de sa découverte, il ne
pouvait échapper à la destruction. Aujourd'hui, les
démolisseurs ont accompli leur tâche. De cet édifice,
d'ailleurs peu important dans son genre, il reste
seulement des morceaux à peine appréciables, des
menus débris. C'est fort regrettable à mes yeux, car,
indépendamment de toute considération scientifique,
il serait devenu le but d'une excursion très agréable
et des moins fatigantes, ainsi qu'on peut facilement
s'en assurer. Au sortir de la gare de Vertheuil,
station de la ligne du Médoc, on tourne à droite
jusqu'au premier chemin de gauche qui conduit, en
suivant le fil télégraphique, au bourg de Cissac,
distant d'environ trois kilomètres. A l'extrémité du
village, devant la croix érigée à une bifurcation,
commence, à gauche, l'allée de Lamotte, bordée de
peupliers séculaires dont quelques-uns projettent

(*) Edmond AUGEY. *Le Cromlech du Jardin-Public de Bordeaux*, etc.
Page 22.

extérieurement, à plus de deux mètres, leurs puissantes racines perçant le sol, tels de monstrueux serpents. En face du portail principal, on oblique à droite pour aboutir, en longeant le mur d'enceinte, au vieux moulin, toujours debout quoiqu'en ruines, à 150 mètres, au milieu des échalas. Derrière lui se trouvait le dolmen, à l'intersection du chemin d'intérêt commun de Vertheuil à Saint-Laurent et de la route départementale de Hourtin à Pauillac. La place qu'occupait ce monument est nettement délimitée. La terre disparaît sous la profusion de fragments de pierres provenant de la démolition. Depuis M. d'Elbauve, qui découvrit le mégalithe, le château est passé aux mains de deux autres propriétaires, et ceux-ci, le dernier surtout, ont mis en culture les sections préhistorique et protohistorique du domaine, ménagées par l'ancien châtelain. Beaucoup d'étrangers se représentent notre Médoc, contrée unique, objet de leurs convoitises, comme un vignoble ininterrompu : une vaste étendue de son territoire est couverte de bois ou consiste en landes sur lesquelles les ajoncs fleurissent à perte de vue, ainsi qu'aux endroits les moins peuplés du Morbihan. Si nous devons voir, dans ce respect des forêts, un acte de prévoyance, rendons hommage aux viticulteurs, dont la terre reconnaissante récompense, d'ailleurs, la sagesse. Les opinions diffèrent aussi en agriculture. Parfois, au lieu de viser simplement et prudemment à préserver ce qu'ils possèdent, les cultivateurs le compromettent en s'efforçant aveuglément de produire ce qu'ils n'obtiendront pas. Mais laissons aux professionnels la discussion des procédés agricoles et revenons à l'archéologie. Ici, par suite du défrichement, tous les vestiges intéressants : le dolmen, l'atelier préhistorique, l'habitation

gallo-romaine, ont été effacés du sol pour céder le
terrain à la vigne, reine du pays. Seule, une construction de temps moins reculés, la tour décapitée
de l'antique moulin, se dresse encore sur un plateau
élevé, entouré, au sud, d'un hémicycle d'épaisses
futaies, cadre approprié au mélancolique tableau.
Chose bizarre, tandis qu'aux alentours les fleurs
des champs se montrent isolées ou par petits groupes, elles foisonnent sur l'emplacement mégalithique.
Fait étrange, qui ouvre à l'esprit les régions du rêve.
Qu'est l'homme, en présence de la nature? Un
ignorant, un chercheur. Les énigmes de la vie
universelle ne se subordonnent pas à son jugement.
Il veut les pénétrer : les moyens d'investigation
foncière lui manquent. L'inconnu se déploie,
immense, autour du connu, et celui-ci reste insignifiant par comparaison. Si l'âme se réduit, en
dernière analyse, à une manifestation électrique,
cette ultime définition n'infirme point son immor-
talité, son éternité. Sous des figures, des combinaisons diverses, pourrait persister, se perpétuer, son
unité intégrale. Pourquoi, revêtue d'une autre enve-
loppe, retrouvant ses conditions de vitalité, la partie
intelligente, directrice de l'être organisé, ne fût-elle
qu'une résultante impersonnelle et fugitive, ne con-
serverait-elle point la mémoire, la conscience du
passé, de même que quelques objets, quelques subs-
tances, gardent certaines empreintes, certaines propriétés dans la plénitude de leur essence la plus
intime, malgré qu'on les divise en parcelles infini-
tésimales, dont chacune constitue alors une individualité aussi complète et homogène que l'ancien
ensemble, avec une tendance, latente chez toutes,
à se réunir de nouveau pour recouvrer leur activité
précédente, demeurant impuissantes tant qu'elles

sont séparées? (*). Je me borne à poser la question.
Elle fournira matière à un livre de science *positive*,
que j'écrirai si je vis assez longtemps. Les éléments
existent. Quantité de faits relevant encore, il y a
quelques années, de l'empirisme, du somnambu-
lisme populaire, du magnétisme irraisonné, d'une
obscure et vulgaire télépathie, en un mot, du char-
latanisme, sont entrés de plein droit, après un
sévère examen, dans le ressort du savoir officiel et,
mis à leur rang, classés suivant leurs catégories
respectives, appartiennent au système des connaissances réelles. Que d'autres prétendus mystères,
tenus pendant des siècles pour expérimentalement
indémontrables, que de phénomènes, plus récemment observés, mais encore insuffisamment expli-
qués, seront bientôt analysés à fond, ramenés à des
lois générales et couramment admis au nombre des
faits naturels, scientifiquement démontrés! Sur ce
tertre désert où vécut, une société rudimentaire, au
pied des vieilles murailles témoins de la chute du
monument, unique trace du passage d'ancêtres
évanouis dans la brume des âges, je songeais combien notre race, si elle naquit des transformations
successives d'une animalité originaire, aurait plus
de mérite d'avoir atteint graduellement son niveau
actuel, que de représenter une espèce supérieure,
déchue volontairement de sa grandeur, de sa pureté
primitive. Et, idéalisant la rêverie, ainsi que l'orgue
aux multiples accents accompagne et amplifie les

(*) Voir aussi :
Gerhardt KATSCH. *Protistenunsterblichkeit.*
WEISSMANN. *Zoologie*, 1882.
SVEDENBORG. *Le règne animal.*
a Ce qui a vécu peut dormir et garder la vie latente, une aptitude à
a revivre. »
J. MICHELET. *La Mer.* Page 152. Calmann-Lévy. Paris. 1892.

hymnes sacrés, les harmonies confondues des caril-
lons de Pâques résonnaient à la ronde, rayonnant
des clochers des villages voisins, et s'égrenaient
comme un rosaire chanté au sein des nues par des
chœurs invisibles. Graves, émues et tendres, vibrantes
de foi, ces voix sonores et supraterrestres remplis-
saient les airs, se répondaient à travers l'espace,
célébrant la gloire de l'ineffable et surhumain poète
qui, sous la limpide et caressante lumière du doux
ciel de Galilée, nourrit, en son cœur débordant de
charité, la généreuse illusion de supprimer à jamais
le mal en endurant toutes les tortures, toutes les
souffrances, en épuisant la coupe des douleurs
d'ici-bas. Dans son abnégation sans exemple, il
s'offrit lui-même comme victime du plus complet
des sacrifices, demeuré inutile auprès de la masse
pour le salut de laquelle il fut consommé. Mais
l'œuvre, dont une élite comprend seule la sublimité,
s'affirme impérissable, intangible, immuable et cependant toujours nouvelle. Dominatrice et consolante,
source intarissable de baumes aux vertus souveraines,
elle reste le réconfort du voyageur accablé de lassi-
tude, arrêté sur le chemin de sa destinée. Quand
l'abattu, ayant repris courage, voit ses frères puînés
se traîner, fatigués, sur la voie de misère, il peut
alors leur offrir les fruits cueillis à l'arbre de vie.
Avant de poursuivre sa carrière, il apprend aux
altérés de vérité que le bonheur ne se trouve pas
dans la vanité, les apparences, les satisfactions
banales et passagères. Il répète les paroles de l'un
des plus nobles maîtres du sentiment, souvent inspiré
du Livre des livres : « **Die Freuden lassen immer**
« **eine entsetzliche Leere nach sich** ». — Les joies
laissent toujours après elles un vide affreux. —
Heureux si, parvenu au point culminant de la route,

approchant du terme, et jetant un dernier regard en
arrière, il aperçoit, gravissant la montée, ranimés et
dispos, ceux qu'il fit profiter de richesses morales
acquises par le travail, l'expérience, les hautes et
profondes méditations. O homme, ambulant éternel,
inquiet et inassouvi, ne demande pas à ton entourage ce qu'il ne saurait te donner. Contemple un
horizon grandiose, aux heures de majesté; écoute
l'expressive et pénétrante mélodie des voix de la
nature; respire le parfum d'une fleur rare, rencon-
trée au hasard de tes courses — et passe. Si tu as
su te dégager des brutalités ambiantes, si tu es vrai-
ment quelqu'un, ces brèves impressions suffiront
pour charmer tes jours, dissiper tes tristesses, raf-
fermir ton énergie languissante, effacer tes meur-
trissures, guérir les plus secrètes plaies de ton
cœur.

Le Dolmen des Trois=Pierres

(près Laruscade)

Les renseignements relatifs à ce monument, aujourd'hui réduit à sa plus simple expression, se bornaient à une citation (*) dont les termes ne constituent pas une réelle constatation d'existence. J'étais plutôt porté à croire que le mégalithe avait complètement disparu. Pouvait-on, sans espérer le retrouver entier, en rencontrer du moins quelques vestiges? A défaut d'indications précises, je me rendis à Cavignac, puis à Laruscade, distant d'environ cinq kilomètres, et recueillis, chemin faisant, des données exactes d'après lesquelles, arrivé sur la place du bourg, je pris, à gauche, la route forestière qui me conduisit, en une heure de marche, au hameau des Trois-Pierres. Le piéton habitué à n'user des véhicules que contraint par la nécessité devait ainsi faire une dizaine de kilomètres pour atteindre le but. On s'instruit en voyageant. J'ignorais la création de la voie ferrée de Saint-Mariens à Barbezieux (**). Elle a totalement modifié l'itinéraire et ramené l'étape au tiers de l'ancienne. Maintenant, il faut d'abord aller à Saint-Mariens, où l'on change de train, afin de se rendre à Bédenac, première halte

(*) *Société Archéologique de Bordeaux.* Tome XXVIII, page 64.
(**) Cette ligne, alors inachevée, vient d'être inaugurée le 12 Juillet 1908.

de la nouvelle ligne. En sortant de la gare, on tourne à gauche et, à l'extrémité de l'avenue, on prend, à droite, la belle route qui passe au milieu du village pourvu de tout ce qu'un voyageur peut désirer. Très pittoresque, bordée d'ajoncs en fleurs, cette voie conduit, à travers la forêt embaumée des salubres aromes, des parfums grisants de la lande, au carrefour des Trois-Pierres, éloigné d'à peu près trois kilomètres de la station et à l'un des angles duquel, il y a deux ans, notamment encore en Juillet 1906, époque où fut commencée la route terminée en Avril 1907, on voyait trois monolithes debout, au bord du chemin de Laruscade. A cet endroit, les fréquents charrois exigés par le transport des bois, objets principaux du commerce local, mettaient le terrain en fort mauvais état. Lors de la construction du chemin de fer à Bédenac, ce qui n'était qu'un sentier devint une route régulière et deux des supports du dolmen furent enterrés, pour rendre le sol plus consistant. Le bloc qu'on a ménagé gît sur le côté droit, à l'un des coins de ladite route, en face du groupe d'habitations. Il est d'un beau calcaire blanc, mesure 71 centimètres de hauteur, 42 de large, 28 d'épaisseur et, malgré le bouleversement de l'édifice, il a conservé l'orientation est-ouest. Si on l'avait déplacé et transféré quelques mètres plus loin vers l'orient, le mégalithe aurait été déprovincialisé, car il serait passé, du département de la Gironde, dans celui de la Charente-Inférieure.

Voilà une circonstance qui donne à cette pierre une valeur particulière, pareille coïncidence se produisant bien rarement. A en juger par le dernier de ses fragments, le monument n'a pas eu de grandes dimensions; mais, outre sa destination générale, il indiquait peut-être une délimitation territoriale de peuplades primitives. Aujourd'hui, le monolithe échappé à la destruction marque exactement la limite de deux départements. Toutefois, il demeure dans le périmètre du nôtre et continue à figurer parmi les mégalithes girondins.

Sans revenir ici sur l'intérêt qu'offre, à plusieurs égards, la conservation des moindres vestiges mégalithiques, avantages que je crois avoir précédemment énumérés et dont l'un des fondamentaux consisterait à pouvoir reconstituer, au moyen de ces documents, l'histoire des temps préhistoriques, précieuse à connaître pour l'étude des origines du genre humain, je soumettrai un simple vœu à M. le Maire de la commune. Ne jugerait-il pas utile de prendre, auprès de ses conseillers municipaux, l'initiative d'un projet de mesures destinées à ériger ce reste authentique du passé le plus reculé en monument commémoratif? On pourrait dresser le bloc au sommet d'un petit tumulus. La stèle porterait une inscription rappelant son antiquité et la fonction que sa position actuelle lui a créée. Placé dans ce cadre sévère, éclatant de blancheur sur la sombre verdure des alentours, l'étrange édifice produirait un effet en harmonie avec la physionomie douce et grave de cette contrée où j'ai contemplé de si merveilleux crépuscules, et il deviendrait l'une des curiosités du département. Comme, au surplus, l'entreprise serait modeste, la dépense n'aurait point grande importance et l'État, j'en suis convaincu, ne lui refuserait pas la protection qu'il accorde aux monuments historiques.

Les Allées couvertes d'Illats

(près Barsac)

J'ai déjà parlé de ces monuments (*), déclarés
magnifiques par les archéologues qui les virent
intacts, et dont on a, depuis 1841, tellement épar-
pillé les restes qu'à présent ils ne sollicitent plus
l'attention de personne. L'acte de décès fut dûment
dressé. Ils ont cessé d'être. *Dona eis requiem.* Mais
quiconque aime les mégalithes pour eux-mêmes, à
cause des énigmatiques générations qu'ils ressus-
citent, et ne songe point à faire de leur examen
un moyen de fonder sa propre célébrité, recherche leurs traces dispersées, parfois ensevelies,
comme celles des cités pharaoniques englouties
sous le sable du désert. Il semblerait que, des
lointaines profondeurs de l'époque de leur splen-
deur primitive, ces ancêtres de pierre veuillent
témoigner leur reconnaissance à l'explorateur per-
sévérant et respectueux, en créant des points de
repère destinés à faciliter ses investigations. Le
sentiment pieux qui m'attire invinciblement vers
ces débris abandonnés, incompris, se double de
l'intense curiosité du chercheur d'origines. Si le

(*) Edmond AUGEY. *Notice sur les Dolmens et les Menhirs du département
de la Gironde*, pages 40 et 44. — *Recherches complémentaires sur quelques
Monuments mégalithiques du département de la Gironde*, etc., page 28.

monument bien conservé a une importance documentaire considérable, son emplacement en a une plus grande encore, lorsqu'il marque la limite extrême de l'espace occupé par les établissements d'une humanité disparue. Cette circonstance est essentielle à mes yeux. Des gens compétents hésitent à accorder une valeur archéologique à des pierres qu'ils me signalent. Je ne vais pas les voir, quand on m'apprend que ces objets, ne portant ni inscriptions ni sculptures, se trouvent enclavés dans un périmètre d'édifices mégalithiques et sont, par conséquent, proches voisins de ceux-ci. Un dolmen ou un menhir de plus ou de moins, s'il a été brisé, fouillé, déchiqueté, émietté et n'étend pas le cercle d'un emplacement, ne peut ajouter rien de concluant à mes travaux. En outre, s'agit-il, tel qu'on me le dépeint, d'un mégalithe véritable ? J'en ai tant vu d'apocryphes ! Mais qu'un vestige, en apparence insignifiant, me soit indiqué en dehors des bornes connues, je le visite au plus tôt. Combien de lumières complémentaires nous seront fournies sur les révolutions de notre globe, ses parties habitables et celles qui ne l'étaient point, par ces monolithes situés à l'extérieur des limites actuellement tracées ! Ainsi arriverons-nous à la fixation de périodes, de dates demeurées imprécises, et se révèleront des faits ignorés ou obscurs concernant nos précurseurs. Ne dédaignons donc pas ces humbles restes et accordons-leur tous nos ménagements : les détruire serait anéantir les plus précieux documents de l'histoire de l'espèce humaine.

Pour l'ami des mégalithes, la commune d'Illats est un musée préhistorique. Sans essayer de reconstituer les édifices érigés sur son sol aux époques primitives, on peut avoir une idée de leurs dimensions par la quantité de fragments qui ont été épargnés. Ils surgissent de tous côtés. Ici, de frustes menhirs trapus servant de clôtures; là-bas, un alignement de peulvens délimitant un domaine. Et l'archéologue, dût-on le qualifier de visionnaire, ne saurait confondre ces monolithes avec de vulgaires éclats de pierres, des blocs quelconques extraits d'une carrière, uniquement pour l'usage auquel ils sont aujourd'hui employés. Chacun d'eux a sa physionomie particulière. Entièrement bruts, c'est-à-dire exempts de traces de taille, balafrés, bossués, creusés par les chocs, troués en vertu d'un phénomène spécial à ce genre de calcaire, tapissés de mousses séculaires dont la nature entretient et renouvelle l'existence végétative, dépourvus de toute arête vive, au contraire, arrondis à leurs angles par l'action constante des éléments, ils possèdent l'ensemble des caractères d'une incontestable authenticité. On en voit beaucoup, de structure originale, sur les chemins et près des habitations. Jetez, au passage, un coup-d'œil sur le bizarre menhir penché, dressé à droite de la route, au centre du bourg, avant l'église. Il mesure 1 mètre 25 de hauteur hors de terre, 56 centimètres de largeur et 43 d'épaisseur. D'autres gisent çà et là, à travers la campagne, et ce ne sont pas les moins intéressants. Autour d'eux, la lande immense, baignée de soleil, lutinée par des souffles folâtres comme les vols de papillons qui s'y jouent, exhale son chant monotone et mélancolique, large à remplir l'étendue jusqu'à l'horizon sillonné d'un moutonnement de nuages légers aux contours fuyants. Là, plane le calme, s'exprime la sérénité, se manifeste la mystérieuse, prudente et féconde lenteur des opérations de la vie des plantes.

. . . . der **Heideduft**
Steigt in die blaue Sommerluft (*).

— Le parfum de la bruyère monte dans l'air bleu
de l'été. —

. Malgré le nombre de vestiges mégalithiques disséminés sur le territoire de la commune, on ne pourrait
connaître, de façon certaine, le siège des allées couvertes, si les plus grosses pierres, probablement à
cause de l'énormité de leur masse, n'avaient été
laissées en place avec d'autres, moins volumineuses,
qui, en dépit du bouleversement, ont conservé une
position permettant de discerner le plan primitif
des édifices. Situés à un endroit éloigné des voies
fréquentées, entièrement couverts de mousse et de
lierre, placés en pleine forêt sur un terrain coupé,
mamelonné, raviné, ces blocs se confondent, en
raison de leur faible saillie, parmi les accidents du
sol et n'offrent rien de remarquable au passant indifférent. Aucune des personnes que j'interrogeais ne
connaissait pareille curiosité préhistorique dans la
localité, mais toutes me conseillaient de m'adresser
à M. Ducau, propriétaire du château Beaulac, qui,
m'affirmaient-elles, ne perdait pas une occasion
d'obliger et, seul, pouvait me renseigner. Porté par
le courant de sympathie générale, je me rendis chez
M. Ducau et son accueil me donna immédiatement
les motifs de la vénération qu'il inspire. Rempli
d'affabilité, éminemment compétent en matière
archéologique, il me fournit, avec une inépuisable
complaisance, toutes les indications nécessaires pour.
me diriger au milieu d'un labyrinthe de sentiers
forestiers où, sans guide, les étrangers s'égareraient
infailliblement. Ces instructions ne suffisant pas à

(*) Th. STORM. *Abseits.* — Halle a. S. 1888.

sa sollicitude et désirant m'accompagner, mais ne le pouvant, par suite d'affaires urgentes, il chargea de ce soin l'aimable et dévoué régisseur de son domaine, M. Firmin Bouscasse, qui mit tout en œuvre afin de s'acquitter dignement d'une mission, d'avance fort intéressante à ses yeux. J'avais eu l'avantage de faire la connaissance de M. Gabriel Cantau, receveur-buraliste à Illats. Se joignant à nous spontanément et très gracieusement, il voulut bien prendre la direction de l'excursion, les monuments lui étant familiers, attendu qu'il fut, dans son enfance, amené auprès d'eux par ses professeurs, pour y recevoir des leçons d'archéologie dont il a on ne peut mieux profité. Je suis ainsi redevable à ces obligeants amis de la science du plaisir de pouvoir présenter à mes lecteurs les mégalithes considérés comme disparus et leur en indiquer le chemin.

Il y a, de Barsac à Illats, cinq kilomètres environ. En sortant de la gare, il faut tourner à gauche, traverser la voie ferrée et suivre la route jusqu'à la hauteur du quatrième kilomètre où, avant le village, on trouve le hameau de Basque. Prenant alors, à droite, le chemin qui s'ouvre contre la dernière maison, on pénètre dans la forêt. Au premier croisement, nouvelle bifurcation à droite, et là commencent les difficultés. De nombreux sentiers s'entre-croisent en tous sens. L'archéologue n'oublie jamais sa boussole. On doit ici viser constamment au nord-est, vers La Ountette (*), source bien connue de la population du lieu. Mais on rencontre rarement quelqu'un, en cette solitude. Après une marche de deux kilomètres sous bois, on arrive à la propriété

(*) Ount = fontaine. Ountette = petite fontaine, fontanelle. Ce dernier mot n'a conservé que son sens anatomique; celui dans lequel je l'emploie, parce qu'il est ici plus expressif, appartient au vieux français.

de M. Bayle, dans laquelle est compris l'emplacement mégalithique borné, au midi, par un fonds cultivé. Du milieu du taillis de chênes où gisent les colosses, s'accusent de fortes protubérances entièrement couvertes de l'ordinaire végétation des ruines, et il faut écarter cet épais manteau pour apercevoir les superbes monolithes calcaires couchés là depuis des milliers d'années. Le plus gros a 2 mètres 94 de long, 1 mètre 26 de large et 63 centimètres d'épaisseur. Les autres diminuent graduellement de volume jusqu'à un peu moins d'un mètre cube. On compte encore 25 blocs appartenant à cette allée couverte exactement orientée de l'est à l'ouest, l'ouverture regardant l'orient. Comme je l'ai déjà dit, elle a été bouleversée de telle sorte qu'une enquête minutieuse ne donne point de résultats formels. L'allée fut-elle simple ou double? Dans le premier cas, sa largeur aurait atteint près de quatre mètres. Je crois plutôt qu'elle a eu deux couloirs, assez étroits à la vérité, et ce serait alors une sépulture remontant à la deuxième période dolménique. Les énormes monolithes gisant au centre de l'édifice étaient peut-être ses tables dont on ne voit ailleurs aucun vestige. Ils furent, plus vraisemblablement, la cloison séparative des avenues d'un monument à deux ailes, ce que paraît confirmer la disposition de sa partie occidentale. Autant qu'on puisse en juger, il dut mesurer une douzaine de mètres de longueur.

A l'est de l'allée, à l'extrémité méridionale d'un mur entourant l'emplacement et qui a été démoli au sud, parce qu'il gênait la culture de l'héritage contigu, mais dont nous retrouverons la continuation non loin de La Ountette, s'élève un amoncellement de décombres, débris possibles d'un dolmen

ou de la muraille de circonvallation précitée. Au nord
de l'allée centrale se trouvent, en partie debout,
quelques-uns renversés, 13 supports d'un dolmen
long d'environ 7 mètres et orienté du levant au
couchant. Le plus important de ces blocs dépasse
terre de 1 mètre o3, a une largeur de 1 mètre 68
et une épaisseur de 62 centimètres. M. Cantau vit
cette construction en bon état et munie de la table,
il y a une vingtaine d'années. Le sol est parsemé
de monolithes brisés, fragments de ces monuments
ou d'autres complètement détruits.

Au nord-ouest, on rencontre une source précédée de grosses pierres et, environ cent mètres
plus loin, en côtoyant le mur ci-dessus mentionné
qui, formant le quadrilatère cher aux architectes
préhistoriques, enclavait la fontaine et le groupe
mégalithique en un rectangle d'au moins 500 mètres
carrés, nous arrivons à La Ountette, complément
final et essentiel de l'aspect impressionnant de cet
établissement préhistorique.

Entouré de bois de chênes, de pins, d'acacias,
successeurs de l'impénétrable forêt des époques primitives, surgit un fronton rocheux à la base duquel
s'étale, verdie par les frondaisons voisines, la vasque
rustique d'une petite source. Son onde refléta les
fauves images de nos plus anciens aïeux. Tout
autour règne un profond silence qu'interrompt seulement le gazouillement des oiseaux qui viennent
lustrer leur plumage et jasent au bord de l'eau.
Site sauvage, saisissant, sinistre à certaines heures.
Des supports de dolmens en forment le cadre. Si
on laissait libre cours à l'imagination, quelles scènes
troublantes, tragiques, hallucinantes, cet étrange
paysage, sombre, fantastique décor, n'évoquerait-il
pas ? Là revivrait le passé druidique, car nulle

autre place, dans un rayon très étendu, ne fut aussi propice à la célébration de rites sanglants. La légende populaire ne pouvait manquer d'en faire le siège de ses mystères : ces dolmens furent le mausolée du « Veau d'or » (*). L'or, toujours l'or, souveraine préoccupation des hommes. L'or, qui cependant n'assure contre le malheur ni ne préserve de la mort les ignorants qu'épouvantent ces inéluctables fatalités. L'or, devenu inutile et à la possession duquel il faut à jamais renoncer quand on descend au tombeau, où il mène plus tôt qu'on n'y serait allé sans sa funeste influence. Partout l'appétit affolé, le fantôme obsédant de l'or. En Bretagne, sous chaque dolmen, fut enterré « un César », chaussé de bottes en or. Dans le Lot-et-Garonne, près de Nérac, on a mis sens dessus dessous l'allée couverte dite « Grotte de Gargantua », où l'on croyait le géant enseveli avec des trésors proportionnés à sa fabuleuse puissance. Contes assurément, qui prouvent toutefois l'immutabilité foncière de la nature humaine à travers les temps.

On remarque, à droite de la route du Merle à Cérons, un site pittoresque présentant quelque analogie avec celui que nous quittons; mais on n'y voit point de mégalithes.

La démolition des allées couvertes d'Illats a causé une grande perte à l'archéologie girondine. M. Ducau dépassait l'adolescence lors de cette destruction. Il m'a dit que certaines pierres des monuments, probablement celles des tables, maintenant introuvables, portaient des inscriptions.

(*) Non seulement les dolmens et les allées couvertes ont été considérés comme des sépultures du « Veau d'or »; les menhirs jouirent aussi de la réputation d'en marquer l'emplacement. Voir les fables et superstitions rapportées, à ce sujet, par le Bulletin de la *Société Archéologique de Bordeaux*, tome I, page 147, concernant le menhir de Pierrefitte.

On se rend également à La Ountette depuis Cérons. En descendant du train, il faut suivre la route d'Illats jusqu'au hameau du Merle, d'où, renseigné par les habitants qui connaissent tous la fontaine, on atteint le but après une heure de marche. De là, le touriste longe, à droite, le mur préhistorique et arrive directement aux mégalithes.

Je ne puis terminer ce chapitre d'une manière plus agréable qu'en adressant au vénérable M. Ducau, à M. Firmin Bouscasse et à M. Gabriel Cantau mes nouveaux remercîments pour les services qu'ils m'ont rendus avec tant de bienveillance, au cours de l'inoubliable excursion que je viens de relater.

Pour ne rien omettre de ce qui se rattache à mon sujet, je clôturerai définitivement cet article par la citation de deux documents intéressants. Afin de conserver toute liberté d'appréciation, j'ai achevé mon étude avant de les lire. Pareil procédé me réussit constamment, parce qu'il m'oblige à faire certaines recherches qu'autrement je ne songerais pas à entreprendre. Mes lecteurs habituels voudront bien se rappeler les résultats que m'a procurés cette méthode, lors de mon travail concernant les dolmens des Salles et les menhirs de Blasimon (*). Les rapports ci-dessous donnent la description des mégalithes d'Illats antérieurement à leur destruction. « La rareté des monuments gaulois « dans le département nous fait un devoir de « signaler celui que le docteur Dubroca et moi « avons reconnu, l'été dernier, aux limites d'Illats

---

(*) Edmond AUGEY. *Notice sur les Dolmens et les Menhirs du département de la Gironde*, page 13. — *Recherches complémentaires sur quelques Monuments mégalithiques du département de la Gironde*, etc.,page 7.— *Supplément à ma Notice sur les Monuments préhistoriques du département de la Gironde*, etc., page 38.

« et de Barsac. Il consiste en deux allées qui
« furent peut-être couvertes, mais qui ne le sont
« plus. Ces deux allées, situées dans un lieu soli-
« taire et sauvage, peu élevé au-dessus d'un vallon
« marécageux, se composent chacune de blocs
« arrachés des bancs calcaires du pays, dressés sur
« leur tranche, et rangés sur deux lignes ·paral-
« lèles qui se dirigent de l'est à l'ouest, l'une à
« l'orient d'été, l'autre à l'orient d'hiver. La pre-
« mière a 12 mètres de longueur, sur 1 mètre 90
« de largeur absolue et seulement 9 décimètres de
« largeur intérieure; de ses dix blocs, le plus fort
« a, de hauteur estimée 2 mètres ; de largeur
« 1 mètre 90 ; d'épaisseur 50 centimètres; il paraît
« que l'allée était fermée à l'est. L'autre allée,
« légèrement inclinée à la première, est longue de
« 7 mètres et large intérieurement de 1 mètre 25.
« Il est à remarquer que, sur la route de Barsac à
« Illats, on a trouvé une hache en silex, genre d'anti-
« quité fort rare dans les landes, bien qu'on y trouve
« souvent des pointes de flèches en pierre » (*).

Quelque temps plus tard, l'éloquent auteur de
l'histoire générale de notre région mentionna cette
découverte et visita probablement l'emplacement mégalithique qu'il a décrit en ces termes :

« Les allées couvertes placées sur la limite des
« communes d'Illats et de Barsac sont situées dans
« un endroit isolé, sauvage, entouré de bois, et
« voisin d'anciens marais.

« Le premier de ces monuments consiste en neuf
« ou dix blocs dressés symétriquement sur deux
« lignes parallèles, formant une allée longue de
« 12 mètres, large de 90 centimètres et dirigée de

(*) F. JOUANNET. *Statistique du département de la Gironde.* Tome II.
1re partie, page 376. P. Dupont et Co, Paris, 1839.

« l'est à l'ouest d'hiver ; elle paraît avoir été jadis
« fermée à l'extrémité orientale. Le plus gros des
« blocs de cette antique allée a deux mètres de hau-
« teur au-dessus du sol, 1 mètre 90 de large et
« 45 centimètres d'épaisseur.

« A quelques pas de ce monument, on aperçoit
« un autre assemblage de menhirs, plus petit, mais
« aussi bien caractérisé. Ici l'allée n'a que 7 mètres
« de long sur 1 mètre 25 de large. Sa direction est
« à peu près la même ; elle n'a conservé que 6 pier-
« res. La pose verticale des blocs, sens inverse de
« la pose naturelle, le parallélisme des côtés de
« l'allée, enfin l'identité de ces particularités avec
« celles de plusieurs autres monuments, réputés
« druidiques, ne permettent pas de douter que
« ceux-ci ne soient de cette même époque » (*).

Si l'on compare mon exposé de l'état actuel des
ruines avec les tableaux ci-dessus retracés, on ne
constatera pas de différence essentielle, les édifices
ayant été déjà endommagés, mais non bouleversés,
lorsqu'ils furent dépeints pour la première fois.
Tandis que les démolisseurs réduisaient deux constructions ou une allée double à un seul amas de
débris confondus pêle-mêle, ils multipliaient les
blocs encore existants en faisant, de mainte pierre
énorme, plusieurs morceaux de dimensions considé-
rables. C'est pourquoi j'ai trouvé plus de monolithes
que mes prédécesseurs n'en ont signalé. Soixante-sept
ans se sont écoulés depuis les exploits dévastateurs
des modernes Vandales. Après de laborieuses investigations, pratiquées au milieu d'un champ de décombres, je suis heureux d'avoir pu arriver à une reconstitution aussi exacte que la situation le comporte.

(*) Alex. DUCOURNEAU. *La Guienne historique et monumentale*. Tome I,
1re partie, pages 7 et 8. P. Coudert, Bordeaux, 1842.

Les Mégalithes de Pujols=sur=Ciron

(par Preignac)

Quand je vis, pour la première fois, les monuments mégalithiques d'Illats, je compris qu'ils avaient
dû faire partie d'un établissement préhistorique de
grande importance. Restait à savoir dans quelle
direction s'étendait l'emplacement. Seule, l'exploration des localités limitrophes pouvait m'éclairer complètement. Les quelques vestiges aperçus çà et là
sur le sol des communes de Cérons et de Barsac
ne confirmant qu'insuffisamment mon hypothèse,
mes recherches devaient se porter du côté opposé.
J'ai touché juste, car le groupe a occupé aussi le
territoire de Pujols. On s'y rend par Preignac. Après
avoir tourné à gauche, au sortir de la gare, et traversé
le passage à niveau, on prend la route de Pujols,
au bord de laquelle, de loin en loin, les mégalithes
se présentent, superbes et variés. Il serait fastidieux
de les énumérer. Je me bornerai à donner les dimensions de deux d'entre eux : hauteur hors de terre,
1 mètre 37 et 1 mètre 96 ; largeur moyenne, 56 centimètres ; épaisseur, 42. Au second carrefour, où
est appliquée, contre un portail, la boîte aux lettres
du « quartier », il faut obliquer à droite, afin de
se diriger vers le château du Crédit Foncier, situé
à trois kilomètres, et dans les dépendances duquel
existe la principale attraction du lieu. Le chemin

se déroule au milieu d'un véritable jardin public.
On franchit deux ponts métalliques jetés sur le Ciron,
affluent méconnu, dont on parle seulement, et pour
le maudire, lors des inondations. Il mérite un meilleur
sort, car le commerce et l'industrie ont en lui un
précieux auxiliaire. Ainsi qu'aux bords du Rhin,
on voit, descendant le fleuve, de grands trains de
bois pourvus de tout un équipage de mariniers spéciaux, on aperçoit ici des flottages moins importants
qui, conduits uniquement par un pilote, voguent au
fil de l'eau et serpentent sous la voûte de feuillage,
disparaissant et réapparaissant tour à tour, suivant
les sinuosités de la rivière. De plus, avec sa large
nappe, son courant rapide, ses nombreux méandres,
ses mouvantes perspectives aux reflets tremblotants,
ses rives ombragées, tantôt plates et sablonneuses,
tantôt rocheuses et accidentées, le Ciron réclame
l'attention de nos paysagistes qui vont souvent bien
loin chercher des sujets pittoresques. Cinq cents
mètres avant le but du voyage, se profile, à la limite
d'un vignoble, une longue rangée, non de pierres
taillées, comme en beaucoup d'endroits, mais de
vrais menhirs bruts d'un faible volume, rappelant
exactement ceux de la dernière section des alignements de Carnac, placée derrière le village du Ménec-
Vihan ou Petit-Ménec, à la suite du champ mégalithique de Kerlescan. Trois cents pas plus loin
gisent, adossés au mur de la propriété, deux magnifiques monolithes à peu près égaux, entièrement
frustes, et dont l'un mesure 2 mètres 31 de longueur,
84 centimètres de largeur et 30 d'épaisseur. A
l'entrée de la cour s'étale un bloc gigantesque, reste
probable d'une allée couverte, long de 2 mètres 52,
large de 85 centimètres et épais de 81. Enfin, parmi
les vignes, apparaît, disposée sur deux rangs, la plus

étrange collection de mégalithes qu'il soit possible
de voir. Ces masses énormes, atteignant environ
1 mètre 65 de hauteur, 1 mètre 58 de largeur et
82 centimètres d'épaisseur, sont percées à jour sur
presque toute leur surface et affectent les formes
bizarres d'animaux apocalyptiques, tels les mons-
tres de pierre, fantastique ornement des galeries
aériennes de Notre-Dame de Paris : goules, gor-
gones, sphynx, chimères. Un ami de l'archéologie
a évidemment créé cette allée, orientée du levant
au couchant et composée de vingt monolithes : douze
sur la ligne septentrionale et huit dans l'alignement
dressé au midi. Si on les considère à une certaine
distance, leurs détails de conformation s'effacent et
ils se changent en lourdes colonnes tronquées. Le
spectateur ne se croirait pas alors sur le sol de la
Gironde, mais en pleine Armorique, devant les
colosses de granit de ce pays incomparable Ces blocs
furent relevés sur divers points du domaine et groupés, il y a fort longtemps, dans l'ordre où nous les
voyons aujourd'hui. D'autres, particulièrement les
plus volumineux, ont été cassés, et leurs morceaux
employés au bornage. Suppléant son mari, très
occupé par ses fonctions de régisseur du château,
Mᵐᵉ Eydely m'a fourni, avec une extrême obligeance,
les renseignements positifs consignés ici. Ses aïeux
virent toujours les mégalithes sur le même terrain,
où on les a simplement déplacés pour ériger cet
extraordinaire monument.

A deux cents mètres des alignements, que je ne
pouvais me lasser de contempler, à droite de la
route de Pujols, éloigné de deux kilomètres et siège
de la table d'hôte du touriste, se campe, légèrement
incliné vers l'occident et orienté du nord au sud,
un remarquable menhir complètement brut, figurant

un prodigieux fer de lance. Il dépasse terre de
1 mètre 25, sur 63 centimètres de large, 21 d'épaisseur, et dévie de 42 centimètres de la perpendiculaire. Isolé, couvert de la végétation qui s'attache
d'habitude à ces impassibles témoins des métamor-
phoses de la vie et de la mort depuis l'origine des
choses, il produit, malgré ses proportions restreintes,
un effet auquel ne nuit point le souvenir des curiosités qu'on vient d'admirer.

Je conseillerai aux excursionnistes de choisir, au
retour, le petit chemin sous bois qui, partant du
bourg, côtoie la rive gauche du Ciron et aboutit au
hameau de « Jean Du Bos », près d'un pont qu'ils
ont traversé à l'aller. Je ne connais pas de sentier
plus agreste. Toutes les beautés naturelles d'une
contrée riche en sites d'aspect sauvage sont réunies
sur l'étroite bande de terre placée cependant au
centre de l'une des régions les mieux cultivées du
monde. Le long de cette sente ombreuse, berceau
de fraîches harmonies nées du murmure des eaux
marié au frissonnement des arbres, se succèdent des
rochers, des bocages. Les oiseaux chantent dans la
ramure ou se poursuivent, perçant l'air des flèches
invisibles de leurs notes aiguës. Parfois, à une
éclaircie, des lavandières animent encore le paysage.
Au sein des parois calcaires, des grottes creusent
leurs noires cavités. On y voit également les ruines
d'une allée souterraine de 2 mètres carrés 72 d'ouverture, orientée du nord-ouest au sud-est et
montrant trois grandes pierres plates debout au
fond, soutenant la toiture. En outre, ce lacet forestier, praticable uniquement aux piétons, offre l'avantage d'éviter un long détour et de ramener directement de Pujols à Preignac.

Le Peulven de Peyrefite

(près La Réole)

Je n'avais trouvé à Bordeaux qu'une note assez vague concernant ce mégalithe (*). Mes recherches sur place ne furent guère plus heureuses au début. Enfin, guidé par les renseignements de M. Perrein, Maire de La Réole, dont le bienveillant accueil et les encouragements m'ont vivement touché, aidé aussi par des personnes obligeantes, et continuant à procéder avec la patience indispensable au préhistorien, j'ai découvert l'objet de mes investigations. Je ne puis concevoir le moindre doute sur son authenticité, car, indépendamment de l'aspect caractéristique du monolithe, c'est le seul reste mégalithique existant à l'endroit indiqué. Pour s'y rendre, il faut, en sortant de la station, tourner à droite, prendre la rue de la Gare, la rue Frères Faucher, traverser la place du Turon, puis suivre les rues Gambetta, Saint-Michel et des Menus. A l'extrémité de celle-ci commence, après le cimetière, le chemin de Peyrefite. Ce nom ne désigne pas un groupe d'habitations, mais un « lieu-dit ». A trois cents mètres environ de la barrière de l'octroi, on rencontre le mégalithe, à droite de la route, près d'une métairie.

(*) *Société Archéologique de Bordeaux.* Tome XXVIII, page 59.

4

Ce bel et fruste contemporain des âges préhistoriques a été divisé en deux morceaux et la tête
déchiquetée du tronçon inférieur a conservé les
traces des coups violents qui ont cassé la pierre
par le milieu. Les blocs sont exactement orientés
de l'est à l'ouest et dressés l'un au nord, l'autre
au sud. Le plus grand, celui du nord, a une hauteur de 1 mètre 96 hors du sol, une largeur de
51 centimètres 1/2 et une épaisseur de 31 centimètres. Le fragment méridional, moins élevé, dépasse
terre de 1 mètre 12, a la même largeur que le
premier et une épaisseur de 28 centimètres. Entier,
et sans compter la base enterrée, le monolithe
atteignait donc une hauteur de 3 mètres 08. A
cause de sa forme triangulaire, il ressemble au
menhir de Balette (*). Comme lui, il est large d'un
côté et présente, à l'opposé, une sorte de tranchant
émoussé, à la configuration duquel la main de
l'homme n'a pris aucune part. Le pays, fort acci-
denté, montre une alternative ininterrompue de
vallons et de tertres. La colossale pierre a vraisemblablement occupé l'un de ces points culminants,
d'où elle fut déplacée, à une époque inconnue,
pour marquer des limites, établir une clôture, ou
constituer les piliers d'un portail rustique. On y
distingue nettement des trous pratiqués afin de
servir d'alvéoles à des barres transversales. Avant
la mutilation qu'a subie cette ébauche de statue
façonnée par la nature, sa taille gigantesque dominant les alentours et sa physionomie particulièrement
originale devaient produire un effet imposant. A
quelque distance, à l'extérieur du rayon de Peyrefite, en se rapprochant de La Réole, on remarque

(*) Edmond AUGEY. *Supplément à ma Notice sur les Monuments préhisto-*
riques du département de la Gironde, etc., page 44.

des vestiges mégalithiques de moindre importance
qui font penser que ce peulven n'a pas toujours
été complètement isolé.

L'itinéraire ci-dessus permet de voir sommairement la ville de La Réole. Elle mérite, à tous
égards, d'être visitée en détail. Cependant, si l'on
voulait abréger, il faudrait prendre, à droite, après
la rue de la Gare, la grande route munie, à la
traversée de la cité, d'un poteau-indicateur, non
loin d'une borne kilométrique. La voie que nous
avons suivie y aboutit directement, un peu en-deçà
de Peyrefite.

L'Emplacement mégalithique du Palem

(à Montignac)

J'avais appris que des restes mégalithiques devaient exister au lieu dit « Le Rocher », sur le plateau du Palem, mais rien de positif ne confirmait cette probabilité (*). Il fallait savoir à quoi s'en tenir et dissiper toute incertitude. *To be or not to be.* Un guide doit à ses clients vérité, généralité, précision. Je me suis donc rendu à l'endroit signalé, afin de procéder, comme d'habitude, à une consciencieuse enquête.

Je ne saurais trop engager les touristes désireux de visiter cet emplacement à prendre note de mes indications. La petite agglomération, dépendance de Montignac, n'est pas connue de tous les habitants des alentours. Me conformant à des renseignements donnés de bonne foi par des braves gens ignorants de la situation exacte de la localité ou de ses aboutissants directs, j'ai fait une heure et demie de marche inutile en déviant d'un chemin par lequel j'étais à vingt minutes du but, pour en adopter un autre, long de cinq kilomètres, qui m'a ramené à celui dont je venais de m'éloigner, ne sachant pas qu'il formait la corde de l'arc que j'allais décrire. Voici l'itinéraire le plus court. En sortant de la gare

(*) *Société Archéologique de Bordeaux*. Tome XXVIII, page 60.

de Frontenac, il faut, sans franchir la ligne ferrée, atteindre, par la voie de droite, le premier poteau-indicateur et bifurquer alors à gauche. On arrive bientôt au village de Baigneaux, où se trouve l'unique restaurant du rayon. Quand le voyageur s'y sera réconforté, il supportera mieux le poids du jour et de la chaleur. Continuant à suivre la route sur laquelle on fit halte, on rencontre, à peu de distance, un embranchement où l'on tourne à gauche: Enfin, à quelques centaines de mètres, se montre le hameau du Palem, situé également à gauche, près du chemin. Le pays a un aspect particulièrement « druidique » : tertres boisés, vallons encaissés, taillis épais, rochers abrupts aux physionomies grimaçantes surgissant, par places, à travers leur sombre parure de plantes sauvages, horizons tantôt voilés, tantôt éclatants, toujours sévères. Certains archéologues pour lesquels, sans les connaître personnellement, j'éprouve de la sympathie à cause de leurs travaux, ne sont pas d'accord avec moi au sujet des druides. Je me base sur l'histoire. Qu'on le veuille ou non, les prêtres gaulois exercèrent leur ministère, parfois terrible, dans notre contrée, qui en a conservé des traces indéniables. On ne voit ici aucun vestige de cette époque, parce que les édifices ont été détruits et enterrés, ce dont je possède des preuves convaincantes. Voulant me documenter à fond, je m'adressai à M. Lavergne, Maire de Montignac et propriétaire au Rocher. L'aimable magistrat m'accueillit de la manière la plus cordiale et, faisant appel à ses souvenirs d'enfance, eut l'obligeance de me fournir les informations suivantes, entièrement concluantes en l'espèce. Des monuments mégalithiques et des constructions gallo-romaines se dressaient jadis sur le plateau du Palem. Ils étaient depuis fort longtemps à l'état de ruines, quand on enfonça leurs débris assez profondément dans le sol pour pouvoir cultiver le terrain sur lequel subsistaient ces restes. Ils gisent maintenant à environ cinquante centimètres sous terre. Si l'archéologie vit ainsi disparaître des objets intéressants, elle n'a point tout perdu, car nous conservons la délimitation précise d'un emplacement qui prendra une réelle importance documentaire lors de l'élaboration d'un plan d'ensemble des établissements préhistoriques du département de la Gironde.

Les Menhirs de Romagne

(près Bellefond)

Le champ de « La Grand-Peyre » de Romagne
a été mentionné, mais sans description des mégalithes qu'il renferme (*). L'excursion n'est pas longue
et les monolithes n'exigent point de recherches. Au
bout de l'avenue de la station de Bellefond, il faut
tourner à gauche et, à 1,200 mètres environ, se présente la mairie de Romagne, en face de laquelle, sur
le côté gauche de la route, 400 mètres avant l'église,
se trouve la propriété où l'on aperçoit immédiatement deux menhirs dressant leurs colonnes pyrami-
dales au milieu de la verdure. Le premier, placé
au bord du chemin, à l'entrée du fonds cultivé,
dépasse terre de 1 mètre 37 ; il est large, à sa base,
de 53 centimètres, au sommet, de 23, et épais de 31.
Les deux mégalithes sont orientés de l'est à l'ouest.
Le second, planté dix mètres au-delà, à l'intérieur
du domaine et bordant un sentier, a une hauteur
hors du sol de 1 mètre 26, une largeur de base de
53 centimètres, réduite, au sommet, à 15 centimètres, et une épaisseur de 20. Il produit un
remarquable effet esthétique sur l'observateur chez

(*) *Société Archéologique de Bordeaux.* Tome XXVIII, pages 59 et 60.

lequel prédomine le sentiment de l'art. D'un ton
gris-clair, étoilé de blanc, ce svelte obélisque élé-
gamment effilé, campé droit et robuste comme une
stèle inébranlable enracinée dans les entrailles de
la terre et jaillie des profondeurs du globe sous la
poussée des forces plutoniques, porte les mouche-
tures orangées qui s'harmonisent si heureusement
en quelques mégalithes, notamment sur la table du
dolmen de Curton (*), le menhir de Balette et l'un
de ceux de Saint-Germain-d'Esteuil (**). Ces taches
de rouille aux teintes chaudes et nettes, plus claires,
mais aussi douces à l'œil que celles des feuilles
mortes, espacées ainsi qu'une capricieuse végétation
à la surface de la pierre, lui donnent un aspect éminemment pittoresque.

Quand on a traversé le village et obliqué à gauche
en passant devant l'église, on rencontre, à 500 mètres,
dans un champ, à droite et au bord de la route
conduisant à Montignac, un troisième menhir moins
apparent que les autres, cependant extrêmement
intéressant, à cause de sa forme indéfinissable.
Orienté du nord au sud, il mesure 99 centimètres
hors du sol, sur une largeur de 39 centimètres et
33 d'épaisseur. Considéré à distance, sa déviation
de la perpendiculaire, de 41 centimètres vers le nord,
lui fait perdre un peu de sa stature. Par suite de
cette circonstance, il ne s'annonce pas de loin comme
ses voisins.

Le cercle préhistorique dont Romagne constitue
l'un des secteurs peut faire l'objet d'une ravissante
promenade archéologique, réalisable tout à loisir,
sans fatigue ni laborieuses investigations, si l'on se

(*) Edmond AUGEY. *Supplément à ma Notice sur les Monuments préhistoriques du département de la Gironde*, etc., page 27.
(**) Voir le chapitre spécial.

rapporte ponctuellement à mes indications (*). Le
train laisse ses voyageurs huit heures entières à Bellefond. En arrivant, il faut retenir son déjeuner à
l'hôtel de l'Avenue de la Gare, puis visiter les dolmens de la commune et celui de Curton. Après
s'être restauré et reposé, on monte à Romagne, soit
deux kilomètres et demi, aller et retour. Le départ
pour Bordeaux a lieu quelques minutes avant cinq
heures.

(*) Prière de consulter également, à ce sujet, deux autres de mes ouvrages : *Notice sur les Dolmens et les Menhirs du département de la Gironde*,
page 30, et *Supplément à ma Notice sur les Monuments préhistoriques du
département de la Gironde*, etc., page 27.

Le Groupe mégalithique de Riocaud

(près Sainte=Foy=la=Grande)

L'ouvrage auquel je dois la connaissance de ce
groupe n'en donne aucune description (*). Ce silence
ne m'étonne point : de mon enquête sur place, il
résulte que ceux qui virent ces mégalithes dans leur
état primitif ne comptent plus, depuis longtemps,
au nombre des vivants. Cependant, s'il ne retrouve
pas l'intégralité des trésors disparus, l'explorateur
attentif ne revient pas les mains vides. L'excursion
demande quelque bonne volonté : vingt–quatre kilomètres, aller et retour, par une route constamment
accidentée, où l'on prend un bain de soleil, salutaire
assurément, mais trop cuisant aux jours des ardeurs
estivales. L'archéologue consciencieux ne se rebute
pas pour si peu, en son amour de la vérité. Serait–il
harassé, exténué, à bout de souffle, l'apparition du
but, au loin sur une cime, ici, à travers les arbres,
là, du milieu des broussailles, lui rend sa vigueur
et il ne sent plus la fatigue. Nous sommes à Sainte-
Foy. Sortons de la gare, tournons à gauche et
franchissons la voie ferrée. En face, s'ouvre la route
de Riocaud, éloigné de dix kilomètres. Passant au
bas et à distance de l'église de ce bourg, sans bifurquer, puis continuant à suivre directement le chemin

(*) *Société Archéologique de Bordeaux*. Tome XXVIII, pages 55 et 60.

conduisant à Duras, nous rencontrerons, à deux
kilomètres à gauche, vers la limite départementale
de la Gironde et du Lot-et-Garonne, l'amas de
décombres, seuls restes de l'antique construction
dont les belles pierres ont servi partiellement à la
consolidation du ponceau d'une propriété. Un œil
exercé y reconnaîtra l'origine des matériaux, malgré
les manipulations qu'ils subirent. Disons aussi qu'on
ne les a pas sensiblement déplacés. Le groupe se
composait jadis d'un dolmen appelé « Les Trois-
Pierres de Riocaud » et d'un menhir isolé nommé
« La Peyre de Viré-Méjour ». On voit actuellement
un monolithe debout, deux renversés, et trois fragments parmi lesquels un, demeuré fruste, n'a point
perdu son aspect de support. Le bloc dressé au nord
et orienté de l'est à l'ouest a 1 mètre 27 de hauteur,
33 centimètres de largeur et 30 d'épaisseur. Celui
qui gît à ses pieds mesure 1 mètre 13 de long,
41 centimètres de large et 32 d'épaisseur. Le mégalithe couché à l'orient atteint une longueur de
1 mètre 92, sur une largeur et une épaisseur égales,
en moyenne, à celles de ses voisins. L'édifice a été
mutilé, dénaturé, presque entièrement démoli. En
dépit du bouleversement, il garde une physionomie
particulièrement expressive et impressionnante. Soli-
taires, encadrées de deux arbres et à demi voilées
sous l'ombre du feuillage touffu, ces ruines forment
un étrange tableau et conservent le caractère d'un
monument funéraire, indice probablement exact de
la destination première de la fondation préhistorique
qu'elles représentent. Ravagé, dévasté, tel un bastion
pris d'assaut, le site se dessine néanmoins en lignes
harmonieuses. L'homme a saccagé; le temps a
réparé, faisant surgir, des débris de l'ancienne, une
création nouvelle, plus noble par ses blessures aux

traces ineffaçables. De cet ensemble, dont le charme
principal naît du désordre de ses éléments, se dégage
une idée, une intention. Au-dessus de ce corps
démembré plane une âme. Ne dirait-on pas que
cette âme, suppliciée par de cupides mortels, impuissante à déjouer leurs attaques, mais consciente du
pouvoir de résistance qu'elle possède, veuille, bravant
les violences, les fureurs et la barbarie, accomplir
sa mission commémoratrice à travers les âges,
durant l'éternité?

Jusqu'au moment où mes forces m'abandonneront,
j'éprouverai le plus grand plaisir à chercher des
monuments mégalithiques et à examiner ceux qui
seront découverts par mes confrères. La marche sur
Riocaud m'amenait à trois kilomètres de Margueron.
Or, entre lesdits villages, est situé le hameau du
Roc, où certaines circonstances faisaient supposer
l'existence d'un mégalithe (*). Arrivé près du lieu,
que j'aurais d'ailleurs visité spécialement, si la proximité des localités ne m'avait fourni l'occasion de
réaliser les deux études au cours de la même journée,
je devais tenter d'éclaircir un fait encore obscur.
Mes investigations sont restées sans résultat satis-
faisant. J'ai interrogé des personnes habitant la
commune depuis plus de cinquante ans, après leur
avoir expliqué clairement en quoi consistait un
mégalithe, ce qu'elles ont parfaitement compris.
Malheureusement, cette image n'a pas éveillé, chez
mes auditeurs, le souvenir d'un objet analogue,
qu'ils auraient évidemment remarqué, si l'énorme
pierre se fût trouvée, soit sur leurs terres, soit aux
environs, où l'activité agricole ne laisse pas impro-
ductive la moindre parcelle de terrain cultivable. Il

(*) *Société Archéologique de Bordeaux*. Tomo XXVIII, page 60.

semble donc hors de doute que la disparition du monument, eût-il jamais existé, remonte à nombre d'années. Ce nom de « Roc » se répète dans le rayon. De l'autre côté de Riocaud, on connaît également un endroit appelé « Le Petit-Roc ». Ces dénominations sont toutes naturelles. La région, très pierreuse sur plusieurs points, montre de magnifiques bancs de rochers de dimensions diverses et de situation fort pittoresque. Le piéton aperçoit assez souvent au bord des chemins, le long des sentiers et dans les champs, des blocs de configuration originale, absolument pareils, tantôt à des supports, plus rarement à des tables de dolmens, et qui le furent peut-être. Mais il serait imprudent de conclure d'après des apparences et on doit se défendre des jugements prématurés.

Le Dolmen du Pouyau
et le Menhir de Peyrehaoute

(à Bégadan)

Deux disparus. Ces mégalithes figurant encore sur d'anciens documents, quelques touristes pourraient s'en occuper et prendre une peine inutile. . Afin de remplir consciencieusement mon devoir de guide, j'ai procédé, dans le rayon, à une minutieuse enquête qui ne m'a rien fait découvrir et dont voici le résumé.

Le château du Barrail, situé au centre du bourg de Bégadan, à cent cinquante mètres de l'église, posséda jadis, parmi ses dépendances, au lieu dit « Le Pouyau » (*), un dolmen (**) composé de huit blocs très volumineux, brisés et débités, il y a longues années, pour servir à l'établissement de ponceaux, à l'intérieur du domaine. L'obligeant hôtelier du village, robuste octogénaire doué d'une excellente mémoire, vit le monument debout et m'a donné ces renseignements confirmés de tous points par le jardinier en fonctions au château depuis plus de quarante ans.

(*) Pouyau, Poujau, Pujol, Pujolet, Puy, Pey, Pé, Puch = mégalithe sous tumulus.

(**) *Société Archéologique de Bordeaux*. Tome XXVIII, page 63.

Le menhir de Peyrehaoute (*) est inconnu, même des vieillards du lieu. L'un d'eux m'a dit cependant qu'on avait transporté hors d'une propriété des environs, vers une destination dont il ne chercha pas à s'informer, un monolithe haut et large de trois mètres, non remarqué jusqu'alors. S'agit-il, ainsi que nous en avons eu un exemple à Nérigean (**), de la translation d'un mégalithe authentique, ici précédemment ignoré du voisinage? Cette hypothèse ne paraît guère admissible, dans un pays où les domaines, très vastes, sont pourvus d'un nombreux personnel domestique et constamment sillonnés, à diverses fins, par la population locale. Au cours des allées et venues pour les travaux agricoles et forestiers, les soins horticoles, l'entretien du matériel viticole, la chasse, etc., pareil géant ne serait pas demeuré inaperçu et aurait provoqué des commentaires conservés par la tradition. Je crois plutôt au charroi d'une grosse pierre à bâtir, sans rapport avec le menhir qui, en des temps oubliés, subit vraisemblablement le sort de la plupart des édifices préhistoriques du Médoc, détruits parce qu'ils faisaient obstacle à la culture et fournissaient de bons matériaux de construction.

En conséquence, les amateurs voudront bien rayer ces deux restes mégalithiques de leur liste.

La région comprise entre Bégadan et Saint-Germain-d'Esteuil, formée du territoire des communes de Civrac, Saint-Yzans, Blaignan, Caussan, Ordonnac et Potensac, renferme des menhirs dispersés, d'aspect original. Plusieurs portent des

(*) *Société Archéologique de Bordeaux.* Tome XXVIII, page 62.
(**) Edmond AUGEY. *Supplément à ma Notice sur les Monuments préhistoriques du département de la Gironde*, etc., pages 7 et 8.

sculptures. Un examen attentif et suivi de cette zone donnerait, peut-être, des résultats d'autant plus intéressants que les comparaisons, les études appro fondies, principalement la correspondance entre archéologues de provinces et de nations différentes, ont permis, malgré l'obscurité des origines, d'obtenir une synthèse relative, perfectionnée grâce à la communication des découvertes et par l'échange des opinions. En rattachant rationnellement, et sous réserve d'analyse, tous les menhirs à la grande famille mégalithique, on a fait justice d'explications à courte vue et facilité la rectification d'erreurs attribuant à certaines périodes historiques des monuments d'une époque bien antérieure. Aux environs de Kirkcowa, ville du comté de Galloway, en Ecosse, à un endroit désert, dans un site sauvage, se trouve, entièrement isolé dit-on, au centre d'une prairie, un monolithe d'un mètre de hauteur, troué à sa partie supérieure. On l'appelle « la Pierre des Fiançailles », parce que les futurs époux, afin de sceller solennellement leur engagement, se tiennent en face l'un de l'autre, séparés par le menhir, et joignent leurs mains dans sa cavité transversale, creusée probablement par la nature. Se conforment-ils à une coutume préhistorique perpétuée par les générations successives ? Aucun document ne le confirme et, circonstance notable, il existe, aux alentours, des vestiges portant à croire que le singulier mégalithe appartenait à un ensemble actuellement disparu. La continuation d'habitudes remontant aux âges primitifs n'est point inadmissible, quoique l'érection de la pierre dans un pareil but paraisse hypothétique. Mais quelle stupéfaction n'éprouve-t-on pas, quand on voit l'historien Souffrain déclarer que le menhir de Pierrefitte, à Saint-

Sulpice-de-Faleyrens, fut élevé en commémoration
de la bataille de Castillon ! (*) J'ai constaté ailleurs
le même ordre d'idées concernant un mégalithe
analogue à celui de Viré-Méjour, autrefois dressé
près de Riocaud. D'un ouvrage devenu fort rare,
appuyé, sans lourdeur, de pièces justificatives puisées généralement aux bonnes sources, et le plus
attrayant qu'on ait jamais publié touchant notre
contrée, j'extrais les lignes suivantes. « On découvrit
« dans la commune de Feugarolles, au milieu d'un
« champ, une pierre qui a un mètre de hauteur
« et 35 centimètres de circonférence. C'est en vain,
« disent les paysans, qu'on a tourné dans tous les
« sens cette pierre merveilleuse ; elle reprend tou-
« jours sa première forme, chaque angle répond à
« un des points cardinaux. *Cette pierre perpétue,*
« *sans doute, la mémoire de quelque bataille* » (**).
Le savant missionnaire apostolique, écrivain de
talent et membre de la Société française pour la
conservation des monuments historiques, n'aurait
pas porté ce jugement, s'il eût possédé les éléments acquis depuis lors à la science. Et faut-il
donc se livrer à de profondes réflexions pour
comprendre que si ces pierres étaient des édifices
commémoratifs, érigés publiquement à des dates
précises, les chroniques du temps en feraient
mention ?

(*) Pour marquer les endroits où des combats furent livrés, on a pu,
exceptionnellement, déplacer quelques menhirs du voisinage, comme c'est
probablement arrivé à Balette, théâtre d'un sanglant exploit dont Blaise de
Montluc fut le héros, mais qui n'ajouta rien à sa gloire. Si l'on admettait la
réalité d'une translation qu'aucun document ne confirme, elle n'altérerait
point les notions acquises sur l'origine et les destinations antérieures des
mégalithes.
La *Société Archéologique de Bordeaux*, tome IX, page 81 du Bulletin, manifeste aussi son étonnement concernant l'opinion émise par Souffrain.
(**) H. DORGAN. *Nouveau Panorama de la Gironde et de la Garonne,*
page 136. J. Foix, Auch, 1845.

5

Au sujet du monolithe de Kirkcowa, je puis affirmer qu'il n'est pas unique en son genre, car j'en connais deux semblables, l'un bordant le chemin de Saint-Germain-d'Esteuil à Reysson (*), l'autre, à quatre kilomètres de Preignac, sur le côté gauche de la route conduisant à Budos, huit cents mètres avant le moulin de Lasalle et à l'entrée d'un sentier. Ce dernier bloc mesure 77 centimètres de hauteur hors de terre, 68 de largeur à sa base apparente et 20 d'épaisseur. Le trou pratiqué vers son sommet a 16 centimètres de diamètre. La légende garde le silence à l'égard de cette pierre considérée comme une simple borne de propriété. Les menhirs troués ou massifs sont tellement nombreux sur le sol de ces campagnes que les habitants ne s'y arrêtent pas davantage qu'auprès de pierres quelconques, lorsqu'elles ne les gênent point : quantité de Bretons passent avec une égale indifférence devant leurs monuments mégalithiques, cependant admirés du monde entier. A deux cents mètres du dit monolithe, on rencontre un groupe de 16 menhirs rangés au bord du chemin, 9 à droite et 7 à gauche. Deux, percés à jour, présentent les formes bizarres des mégalithes placés dans le domaine du Crédit Foncier. Tous ces fragments proviennent évidemment de l'important établissement préhistorique qui occupa l'étendue des communes de Barsac, Illats, Pujols-sur-Ciron, Landiras et Budos.

(*) Voir le chapitre consacré à l'emplacement de Reysson.

Menhirs de Saint=Germain=d'Esteuil

Ces mégalithes sont placés au bord du chemin
vicinal qui traverse le village de Saint-Germain-
d'Esteuil, desservi par la ligne du Médoc. En quittant l'avenue de la gare, il faut prendre, à droite,
la grande route conduisant au bourg, éloigné de
trois kilomètres et demi de la station. A droite, sur
le bas-côté de ladite route, à mi-distance entre la
gare et la localité, on aperçoit, étendu contre le mur
d'une maison, un bloc calcaire assez rectiligne, long
de 1 mètre 47, large de 69 centimètres et épais de
39. Il a beaucoup d'analogie avec le fragment droit
du dolmen des Trois-Pierres de Mauriac (*). A dix
pas, sur le même plan, gît un monolithe brisé, mesurant encore 51 centimètres de hauteur, 70 de largeur
et 69 d'épaisseur. Un peu plus loin, à gauche, à
l'embranchement d'un chemin sur la grande route,
se campe, massif et robuste, un menhir de conformation originale, bossué, taillé, légèrement arrondi
à son extrémité supérieure. Orienté du levant au
couchant, il mesure 83 centimètres de hauteur hors
du sol, 63 de largeur et 42 d'épaisseur. A une cen-
taine de mètres après l'église, on rencontre, à droite,
au bord du chemin, un monolithe chargé de siècles,

(*) Edmond AUGEY. *Supplément à ma Notice sur les Monuments préhisto-*
riques du département de la Gironde, etc., page 34.

dépassant terre de 56 centimètres, large de 84, épais de 41, et présentant les mêmes particularités de surface que la table du dolmen de Curton et le menhir de Balette. Posé de champ à un croisement, il est très exactement orienté de l'est à l'ouest. L'orientation parfaite des deux derniers mégalithes donne à réfléchir. Ils marquent maintenant des limites et indiquèrent vraisemblablement des directions. Les a-t-on déplacés ou ont-ils conservé leurs emplacements primitifs? Les chemins fréquentés, à l'angle desquels nous les voyons, doivent être fort anciens et rien n'interdit de supposer qu'ils furent, au cours des temps préhistoriques, des voies de communication sommairement tracées par la circulation et jalonnées de menhirs, conformément à l'usage reconnu de ces époques reculées, enveloppées de brumes qui se dissipent lentement sous l'action du soleil de la science. Quel étrange spectacle devait offrir cette contrée silencieuse, balayée par rafales des souffles de l'Océan, et où, au détour de sentiers vaguement ébauchés à la lisière des forêts, surgissaient brusquement les spectres de pierre projetant, à la clarté de la lune, sur la plaine solitaire, leurs ombres bizarres, fantastiques, démesurées, la face tendue, comme à un appel, vers la plainte lointaine de la mer, lugubre, sinistre dans la nuit! Situés aux environs de Lesparre, tous ces mégalithes, joints à ceux du rayon, dont j'ai fait mention en mon *Étude sur le Cromlech du Jardin-Public de Bordeaux*, démontrent irréfutablement l'existence d'un important établissement préhistorique dans cette partie du Médoc et constituent des preuves palpables de l'authenticité, jadis aussi bruyamment qu'injustement contestée, du cromlech de Lervaut.

Le Mégalithe de Lafosse

(près Saint = Christoly = de = Blaye)

Ce monolithe ayant attiré l'attention de M. Fran-
çois Daleau, le savant archéologue pratiqua, aux
alentours, des fouilles couronnées d'heureux résultats (*). Aujourd'hui, l'aspect de cette pierre n'a rien
d'imposant. Sur elle s'abattirent, plus cruels que les
aveugles injures du temps, généralement ennoblis-
santes, les outrages des hommes, quelquefois pré-
médités, calculés, fréquemment injustifiés, et ceux-ci
finissent par dégrader tout ce qui ne sait ou ne peut
se défendre. La masse humaine dispose, en effet,
du triste apanage, qu'elle paraît vouloir conserver,
d'exercer sa méchanceté par pur dilettantisme, non
seulement envers les choses, mais aussi à l'égard
de la sage minorité qu'elle juge encore arriérée dans
l'évolution des nobles destinées de la race. Aux yeux
d'une multitude d'outrecuidants crétins, d'esprit tout
juste embryonnaire, et qui ne possèdent d'organes
cérébraux que ce qu'il en faut strictement pour res-
pirer, les espèces dont l'un des traits du caractère
consiste à ne commettre des actes perturbateurs que
sous l'irrésistible pression d'une impérieuse nécessité
sont radicalement inférieures. Autrement parlent aux

(*) *La Petite Gironde*, 12 Août 1907. — Procès-verbal de la dernière séance
mensuelle de la Société archéologique.

initiés les plus anciens familiers de l'homme et ses plus placides censeurs : les menhirs, les peulvens, pierres sacrées (*) maintenant oubliées, ignorées, au fond des solitudes. Leur abandon, le mystère ambiant, le voile de leur origine, rarement entr'ouvert, aussitôt refermé, devraient porter à les rechercher, les faire aimer. Elles ont assisté à la ruine du faux mérite, produit répugnant de la bassesse et de l'intrigue, et la secousse causée par l'effondrement des gloires usurpées, issues du bruit outrancier, du prestige charlatanesque, s'amortit, impuissante, à leurs pieds, comme le flot se brise au granit du rivage. Elles enseignent que patience et simplicité sont les génératrices de la véritable grandeur.

Malgré les dommages qu'a subis le monolithe de Lafosse, son authenticité avérée et ce qu'on connaît le concernant lui donnent une valeur particulière aux yeux de l'archéologue. J'ai eu la bonne fortune d'être accompagné, durant mes investigations, par M. P. Gravereau, propriétaire à Saint-Christoly-de-Blaye et natif de la localité. Je ne pouvais avoir un meilleur guide. Ses souvenirs personnels et les nombreuses relations qu'il possède dans la contrée m'ont procuré des renseignements incontestablement exacts, attendu qu'ils émanent de témoins oculaires ayant toujours habité le pays et, la plupart, d'un âge avancé.

Le mégalithe est situé à sept kilomètres de Saint-

(*) Parmi leurs destinations diverses, qu'on ne connaît pas toutes, elles en eurent une de la plus haute importance.

« Les Etrusques commencèrent à entretenir les feux de nuit sur les pierres « sacrées. Le phare était un autel, un temple, une colonne, une tour. Les « Celtes en élevèrent aussi ; de très importants dolmens existent précisé-« ment aux points favorables d'où l'on peut le mieux voir des feux. » Page 91.

« Les anciens, fort justement, dans ces pierres sacrées, honoraient l'autel « des dieux sauveurs de l'homme. » Page 97. J. MICHELET. La Mer.

Christoly-de-Blaye, sur le côté droit de la route conduisant à Bourg, à dix mètres de la borne kilométrique n° 3, à l'intersection du sentier de Lagaillarde, et occupe le centre de l'endroit appelé « La Grosse-Pierre ». Ce « lieu-dit », d'altitude assez élevée et dépourvu d'habitations, se compose d'un bois, d'un champ et d'un vignoble. Il a pour limites les villages du Fassier, au nord et à l'est, de Lapointe, au midi, et de Lagaillarde, à l'ouest. Le bloc calcaire, d'orientation nord-sud, était autrefois au milieu d'un taillis, coupé l'hiver dernier. Son possesseur, M. Baudouin, fit transporter la pierre quelques mètres plus loin, dans la même direction, afin de pouvoir opérer le défrichement et la mise en culture du fonds. Cette circonstance permit de constater la forme et les dimensions du monolithe, jusqu'alors partiellement enfoncé en terre. Quatre hommes durent réunir leurs forces pour le mettre à sa place actuelle où on l'a aux trois quarts enterré, voulant le rendre inébranlable. M. Jacques-Alexis Patureaud, cantonnier aux Ardouins, quartier de Saint-Christoly-de-Blaye, prit part à la translation dont il eut l'obligeance de me faire le récit lors de mon enquête, le 27 Août 1907. Le mégalithe, de figure vaguement pyramidale, large d'un mètre environ à sa base, diminue graduellement de volume et s'arrondit en montant vers son sommet qui, seul, sort du sol comme une borne non taillée, haute de 42 centimètres, sur un diamètre de 54. Sommes-nous en présence d'un menhir isolé ou d'un ancien support, dernier vestige d'un dolmen disparu sans laisser d'autre trace? J'adopte la première hypothèse.

A une profondeur de 50-60 centimètres, on rencontre, dans ce terrain, un banc de poudingue très fin, d'un grain plus serré que celui de la roche de

pareille nature, avec laquelle fut construite la double
allée couverte de Bicon-Couhens (*), les cailloux de
Lafosse étant moins gros que ceux de Léognan. Je
tiens un échantillon des deux minéraux à la disposition des géologues.

Je pourrais tracer plusieurs itinéraires à peu près
équivalents. Je me bornerai à fournir le plus commode. Ticket de Bordeaux-Saint-Jean à Saint-Christoly ; changement de train à Saint-Mariens ; chemin
de fer de Blaye. A Saint-Christoly, deuxième halte
de cette petite ligne, prendre la route qui mène à
Bourg, munie, aux embranchements, de poteaux-
indicateurs. Dépasser Lafosse, puis le hameau du
Fassier, à 3oo mètres duquel, sur ladite voie, à
l'angle du champ et du sentier précédemment dési-
gnés, se dresse le monolithe. Un inconvénient existe
pour le piéton : aucun des villages qu'il traverse
n'a de restaurant, et il faut revenir au point de départ
chercher la table d'hôte. L'horaire des chemins de
fer et la distance à parcourir ne permettent pas de
déjeuner au moment habituel. En conséquence, je
conseille aux touristes de s'adresser, dès l'arrivée,
vis-à-vis de la station, à mon aimable cicerone,
M. Gravereau, propriétaire de l'Hôtel et Café de la
Gare, à Saint-Christoly. Par ses soins, ils feront, en
voiture, avec son intelligent et vigoureux petit cheval
indifférent envers les automobiles, rares d'ailleurs
sur cette route, une agréable excursion suivie, en
temps opportun, d'une réconfortation dont j'ai appré-
cié l'excellence et la modération de prix.

(*) Edmond AUGEY. *Notice sur les Dolmens et les Menhirs du département
de la Gironde*, page 41.

Le Menhir de Fonbeude

(près Blasimon)

————

Au cours de sa notice archéologique concernant Blasimon, l'historien de la province de Guyenne, qui sut donner tant de relief aux antiquités de notre département, fait mention d'une pièce de terre située dans le tènement de Fonbeude et qu'on appelait « à la Grand-Peyre » (*). Plus tard, M. l'abbé Labrie, en quelques lignes sur le même sujet, a mieux précisé la position géographique de cet emplacement (**). Cependant, aucun des deux auteurs n'a déclaré avoir vu la pierre. Intéressé néanmoins par ces indices, je suis revenu à Blasimon, afin de continuer, à ma manière, l'œuvre commencée. Des explorations précédentes m'y avaient déjà procuré des satisfactions inespérées (***); cette fois encore, mes recherches ont porté leurs fruits.

Le hameau de Fonbeude se trouve sur la route conduisant à Sallebruneau et à moins de deux kilomètres du bourg de Blasimon. On traverse diagonalement la grande place à arcades, limitée, d'un côté, par quatre menhirs. Trois sont insignifiants;

(*) Léo DROUYN. *Variétés girondines.* Tome III, page 72. Feret et fils, Bordeaux, 1886.

(**) *Société Archéologique de Bordeaux.* Tome XXVIII, page 59.

(***) Edmond AUGEY. *Supplément à ma Notice sur les Monuments préhistoriques du département de la Gironde,* etc. Page 38.

un seul retient l'attention. Brut et de forme pyramidale, il s'élève de 1 mètre 36 hors du sol, avec 23 centimètres de largeur moyenne et 18 d'épaisseur. Quand on a pris le chemin précité, on tourne à gauche au premier embranchement et, un peu avant le village, apparaissent, à droite, les restes d'un dolmen détruit probablement lors de la régularisation du tracé de la voie de communication. Quatre blocs debout et alignés montrent leurs masses grisâtres au milieu des broussailles. Le plus volumineux mesure 1 mètre 04 de hauteur, 1 mètre 14 de largeur et 43 centimètres d'épaisseur. De menus fragments entourent ces vestiges. A trois cents mètres de là, également à droite, on rencontre le menhir de Fonbeude. Déplacé il y a très longtemps pour laisser le champ libre à l'agriculture, il gît maintenant contre le mur d'une maison appartenant à M. Lumeau. Cette pierre n'accuse pas la moindre trace de taille. Elle a 1 mètre 98 de long, 52 centimètres de large et 30 d'épaisseur. D'autres monolithes d'assez fortes dimensions se voient aux alentours ; mais, comme ils ont été façonnés, je ne m'y arrêterai point.

Les Mégalithes de Sallebruneau

(près Frontenac)

« Il existait, près des limites de Sallebruneau et
« de Frontenac, trois pierres réunies, appelées,
« dans les titres gascons : *Las tres Peyras*. Il est pro-
« bable que c'étaient les restes d'un monument
« mégalithique. Des bornes furent plantées en 1679
« pour délimiter ces deux paroisses, mais on y
« avait sculpté des croix, tandis que les Trois-
« Pierres formaient un seul groupe et s'élevaient
« non loin de la fontaine de Sallebruneau » (*).

Cette chronique n'est pas récente, et déjà, relativement à l'existence des mégalithes, l'auteur parle
au passé. Il ne dit, en effet, nulle part qu'il les
ait vus réellement. On considérait donc ces pierres
comme disparues, à l'époque où il rédigea son
rapport. Elles n'étaient que cachées, ainsi qu'elles le
sont encore aujourd'hui. Renversées, la végétation
les a recouvertes, bouchant les cavités, comblant les
intervalles, les soudant l'une à l'autre, nivelant la
surface. Il ne faut craindre ni le désagréable contact
des serpents ni les égratignures des ronces, si l'on
veut retrouver ces antiques vestiges que la nature

(*) Léo Drouyn. *Variétés girondines.* Tome 1, page 485. Feret et fils.
Bordeaux, 1878.

semble protéger avec une jalousie constamment en éveil.

Sallebruneau est situé à égale distance de Frontenac et de Fonbeude, soit quatre kilomètres. Amenés dans cette dernière localité par l'étude qui précède, nous poursuivrons notre excursion. Pour arriver à la fontaine, on prend, à droite de la grande route, un sentier dont la ligne disparaît à cent mètres de son commencement et auquel succède une façon de chemin creux tellement boueux, même durant la sécheresse, en raison de l'humidité qu'entretiennent au fond du vallon les sources du voisinage, qu'on l'a jonché de fascines, afin de rendre le passage sinon commode, du moins praticable. A cent cinquante pas et à droite du bassin, se dressent les pittoresques ruines de l'église, enveloppées d'un fourré inextricable, toujours vivace et de plus en plus envahissant. Devant la porte surbaissée de l'édifice sont couchés côte à côte, sous une profusion de plantes et d'arbustes, deux monolithes complètement bruts, de dimensions à peu près semblables. Celui que j'ai mesuré a 1 mètre 88 de longueur, 64 centimètres de largeur et 33 d'épaisseur. A vingt mètres environ et au nord-ouest de ces mégalithes, on en voit un troisième, long de 1 mètre 14, large de 99 centimètres, épais de 22, demeuré intact, et servant de ponceau. Les gens réfléchis ne rangeront certainement point ces énormes blocs frustes au nombre des débris du temple, qui consistent en petites pierres taillées. La position des mégalithes concorde d'ailleurs avec celle qu'indique le document reproduit en tête de ce chapitre. On admettrait, à la rigueur, qu'aux jours de la grande destruction des monuments préhistoriques, rappelée en mes ouvrages précédents,

ces beaux monolithes aient été déplacés et rapprochés de quelques mètres du sanctuaire, dans un
but de conservation à des fins d'utilité future. Ces
pierres, dépourvues de toute sculpture, ne peuvent
pas davantage être les anciennes bornes plantées
en 1679, puisque celles-ci furent ornées de croix.

Si j'avais opéré seul, je n'aurais obtenu que de
maigres résultats. Heureusement, M. et Mᵐᵉ Peyrot,
propriétaires à Sallebruneau, vis-à-vis de l'église,
eurent l'extrême bonté, en dirigeant mes investigations, de me communiquer les remarques qu'ils
firent, à l'occasion, parmi ces ruines, maintenant
sans secrets pour eux. Je les prie de recevoir le
témoignage de ma profonde reconnaissance, à
laquelle l'ineffaçable souvenir de leur obligeance
et de leur dévoûment ne pourra qu'ajouter de
nouveaux éléments d'inaltérabilité.

A gauche de la grande route, en allant vers
Frontenac, on aperçoit un menhir brut, de proportions réduites et d'aspect fort intéressant. Il dépasse
terre de 1 mètre 53, sur 52 centimètres de large
et 22 d'épaisseur. Ces derniers chiffres représentent
des mesures moyennes, la fruste pyramide diminuant graduellement de la base au sommet. Ce
mégalithe est exactement orienté du nord au sud,
mais on l'a peut-être changé de place. Il dut
vraisemblablement se rattacher à un ensemble monu-
mental qu'on ne saurait reconstituer, à cause de la
disparition probable du reste de ses parties.

Le Dolmen de Barbehère

(près Saint = Germain = d'Esteuil)

Le dolmen de Barbehère, *Barbouheyre* pour les habitants du voisinage, a fait l'objet d'un rapport de M. l'abbé Labrie (*). J'aurais lu cet ouvrage avec plaisir, mais il n'était pas encore édité quand j'ai remis mon manuscrit à l'imprimerie. Le remarquable mégalithe est situé à 1,300 mètres à l'orient du bourg de Saint-Germain-d'Esteuil. Après avoir atteint le quatrième menhir mentionné au chapitre relatif à cette commune, il faut, s'éloignant du village, continuer à suivre la grande route, environ l'espace d'un kilomètre, et tourner à droite au premier chemin encadré de deux arbres. A 270 mètres de l'entrée, un bocage forme la gauche de la voie. On bifurque alors de ce côté, longeant à droite la lisière du taillis qui, à 95 mètres de l'orée, s'étend vers le nord-est et barre le sentier. On s'engage droit devant soi dans le fourré et immédiatement, vingt pas à gauche, au pied d'une butte peu élevée, se montre l'excavation creusée pour dégager la chambre du dolmen. Les artistes regretteront que celui-ci ait été recouvert d'un tumulus, car, si au lieu d'être enfoui sous terre il eût couronné le mon-

(*) *La Petite Gironde*, 12 Août 1907. — Procès-verbal de la dernière séance mensuelle de la Société archéologique.

ticule, sa masse colossale aurait produit un grand
effet et une vive impression.

J'ai rarement vu des dolmens aussi spacieux que
cette gigantesque construction. Elle me rappelle le
plus vaste des trois dolmens de Rondossec et, principalement, le Mané–Kérioned, en Morbihan. Les
blocs, excepté les supports de tête, ont un volume
énorme. Deux tables renversées obstruent à demi
l'accès du monument long d'environ 7 mètres,
composé de 15 monolithes inégaux, et orienté de
l'est–sud–est à l'ouest–nord–ouest. Actuellement haut
de 43 centimètres hors du sol et large de 56 seulement à l'ouverture, il mesure intérieurement, après
les premiers piliers, une largeur de 1 mètre 96 sur
1 mètre 58 de hauteur. L'asile a pu abriter toute
une famille. L'aspect particulier d'un site pittoresque des alentours, en ce pays, plat aux environs,
ici faiblement ondulé, porte à penser que des fouilles
pratiquées au sommet du tertre amèneraient la
découverte d'autres édifices préhistorisques. Quelques vestiges mégalithiques gisent ou se dressent
disséminés à la ronde.

J'examinai attentivement le dolmen de Barbehère
les 21 Août, 6 Septembre 1907, 19 Mai et 1ᵉʳ Octobre 1908. Sa largeur intérieure me captive toujours
profondément, parce qu'elle excède notablement la
moyenne. Dans beaucoup de constructions simi-
laires, l'allée formée par l'écartement des supports
a 1 mètre 30 de large, et déjà la fréquence de ces
dimensions, exactement quatre pieds, soulève une
question. Pourquoi cette identité de mesure observée
en divers monuments, sommaire assemblage de
monolithes bruts, bâtis à d'immenses distances les
uns des autres sur des territoires peuplés de groupes
isolés, apparemment sans relations entre eux aux

époques antérieures à l'histoire? Mystère. Je ne puis
évidemment exprimer, en ce simple indicateur, toutes
les suppositions intuitives ni développer la série de
raisonnements nés d'un fait demeuré sans commentaires et cependant capital à mes yeux, attendu qu'il
pourrait devenir le point initial d'un acheminement
vers la lumière. Cette similitude ne saurait être
attribuée au hasard. Je crois plutôt qu'on doit y
voir le résultat d'un acte intentionnel. Ce singulier
indice peut fournir matière à des études intéressantes et fructueuses comportant des conclusions
basées sur la réalité et procurant des données moins
incertaines qu'autrefois aux recherches concernant
l'âge et l'emploi de ces frustes édifices, farouches
gardiens de secrets d'autant plus troublants qu'ils
paraissent impénétrables. Effleurons d'un coup-d'œil
rapide les conséquences naturelles de cette circonstance sur la connaissance de la destination des
dolmens.

Les savants admettent qu'un grand nombre de
dolmens sont très vieux et, d'autre part, prouvent
que quantité de telles constructions plus récentes
n'ont pu exister antérieurement à une époque qu'ils
déterminent. Riche en documents concordants, mais
voulant éviter l'encombrement, je serai sobre de
citations. « Dans la partie ouest de la région médi-
« terranéenne, les dolmens durent apparaître assez
« tard dans la période prémycénienne vers la fin
« du troisième millénaire; dans le nord scandinave,
« ils ne peuvent être plus anciens que le commen-
« cement du deuxième millénaire » (*). Supposons
simplement que presque tous ces dolmens, d'origine
fixée, sans recul possible, aient la largeur précitée:

(*) Sophus MUELLER. *L'Europe préhistorique*, page 43. J. Lamarre, Paris,
1904.

ils formeront une catégorie de mégalithes d'âge
relativement certain, précisant davantage la deuxième
période dolménique, tout à la fois de plénitude et
de transition, variée vers son déclin. Epoque lointaine et cependant rapprochée de la nôtre, en
regard de l'incommensurabilité des temps préhistoriques. Et, remarquons-le aussi, les dimensions,
sujet de mes préoccupations, ne furent pas les
dernières qu'observèrent les constructeurs, puisque
des dolmens qui, pour d'autres raisons, ne purent
être bâtis qu'après ceux-là, en présentent de plus
étroites. Accordant maintenant un instant d'attention à la théorie exposée en mon dernier ouvrage (*),
sur la possibilité de trois périodes dolméniques
correspondant à trois usages différents, on reconnaîtra que, malgré l'exiguïté de taille de l'homme
primitif, auquel un refuge spacieux n'était pas
indispensable, si les dolmens d'une largeur intérieure
d'environ 60 centimètres ne furent construits qu'à
des fins funéraires, ceux dans lesquels, accompagnée
d'une longueur et d'une hauteur proportionnées,
elle va, de 1 mètre 30, au-delà de deux mètres,
réalisaient de meilleures et suffisantes conditions
d'habitabilité. Ajoutons que les précurseurs de notre
race vivaient en plein air et utilisaient les dolmens
uniquement comme abris. Par ces considérations
réunies, l'hypothèse de la construction des grands
édifices de ce genre avec un but d'habitation
acquerra quelque vraisemblance. D'ailleurs, sans
remonter extrêmement loin dans le passé, nous
trouvons autre chose que des éléments purement
conjecturaux, en constatant la prédilection de nos
ancêtres pour les logis souterrains, à une époque

(*) Edmond AUGEY. *Supplément à ma Notice sur les Monuments préhistoriques du département de la Gironde,* etc. Pages 52 à 57.

6

où s'étaient notablement atténués la plupart des
dangers qui firent rechercher l'abri sous roches (*)
ou créer son équivalent par de très anciens prédécesseurs. « Les Celtes et les Gaulois n'habitaient
« pas toujours des lieux fortifiés où s'agglomérait
« une nombreuse population ; leurs habitations
« ordinaires consistaient en une hutte enfoncée
« dans la terre et ne présentant, au-dessus du
« niveau du sol, que sa toiture composée de chaume
« ou de bruyères » (**).

Tous les archéologues ne partagent point mes
vues sur la destination des dolmens; mais je ne
suis pas entièrement seul de mon opinion. Les
preuves matérielles de telles conjectures font encore
défaut : on les trouvera si elles existent. A cet
égard, il vient de se produire un fait significatif.
Dans la brochure intitulée *Supplément à ma Notice
sur les Monuments préhistoriques du département de
la Gironde*, publiée en Juin 1907, je disais, page 55 :
« Il semblera bien naturel que toute agglomération
« dépourvue de dolmen sur son territoire en ait
« élevé un pour la célébration de ses rites, **comme
« chacun de nos villages possède son église.** » La
citation suivante permettra d'établir un rapprochement intéressant. « Le docteur Capitan et M. Ulysse
« Dumas rappellent que jusqu'ici on considérait les
« dolmens comme isolés. Or, ils signalent à l'Aca-
« démie l'existence de nombreux vestiges de cons-
« tructions en pierres sèches autour de dolmens
« ou tumuli du département du Gard.

(*) « Ces grottes servaient d'habitation aux hommes et étaient leur refuge
« contre les attaques des animaux sauvages. »
Gaston BONNIER. *Géologie*. Page 208. Paul Dupont, Paris, 1894.

(**) Léo DROUYN. *La Guienne militaire*. Tome I. Introduction, page XIX.
G. Gounouilhou, Bordeaux, 1865.

« Ces murs mesurent, en général, 1 mètre à
« 1 mètre 5o de hauteur sur 8o centimètres à 1 mètre
« d'épaisseur. Ils circonscrivent des espaces de ter-
« rain de dimensions variées (depuis 1 jusqu'à 5oo
« mètres carrés) et de formes non moins dissem-
« blables (huttes, enceintes circulaires, ovales, rec-
« tangulaires, trapézoïdes). Ces murs entourent tou-
« jours des dolmens ou des tumuli, qui sont même
« parfois compris dans les murs. Ils ne se retrouvent
« pas ailleurs (*). Leur rapport avec les dolmens
« paraît bien établi, d'où une probabilité de leur
« contemporanéité.

« S'agit-il autour des tombeaux que sont les dolmens (**) de **vestiges d'habitats préhistoriques** ou de
« constructions ayant un caractère funéraire ou reli-
« gieux rappelant ce qui existait **dans les villages**
« jadis : **l'église au milieu et les maisons tout autour ?**
« C'est ce que des recherches prolongées pourront
« seules dire.

« Il y a là, en tout cas, un sujet nouveau d'obser-
« vations pour les chercheurs. C'est surtout afin
« d'attirer l'attention sur ce point que les auteurs
« ont fait leur présentation à l'Académie » (***).

J'ai parlé de cromlechs entourant les dolmens (****).
Nulle part, pas même en Morbihan où la destruction
a exercé le moins de ravages sur les monuments
mégalithiques, je n'avais remarqué des murs d'enceinte, avant de voir ceux d'Illats dont on ne dis-

(*) Voir, dans le présent ouvrage, la concordance de mes observations
consignées au chapitre des allées couvertes d'Illats.
(**) Tout en reconnaissant que beaucoup de dolmens ont été seulement des
sépulcres, j'ai déjà fait mes réserves au sujet de cette destination, *unique*
suivant quelques archéologues.
(***) *La Petite Gironde.* 18 Septembre 1907. — Académie des Inscriptions
et Belles-Lettres. *Les constructions autour des Dolmens.*
(****) Edmond AUGEY. *Le Cromlech du Jardin-Public de Bordeaux*, etc.
Pages 16 et 17.

tingue plus que la base. Les murailles de pierres sèches qui occupaient d'autres emplacements furent probablement démolies et leurs débris dispersés, anéantis, ou transformés, opérations de conséquences analogues pour ce que j'appellerai l'individualité des objets sur lesquels on les pratique. Parmi les ruines d'édifices différents, les enclos représentent, peut-être, des dispositions d'usage purement local. A certains endroits, leur superficie aurait été fort exiguë et de mesquines proportions en regard des dimensions des monuments, notamment autour du dolmen érigé à côté des alignements de Kermario dont le voisinage ne porte, d'ailleurs, aucune trace de semblables constructions. La découverte de MM. Capitan et Ulysse Dumas ouvre de profonds et lumineux horizons riches d'espoirs ; elle esquisse des perspectives pleines de promesses. Ainsi s'expliquerait, par exemple, l'origine du mur sis près des dolmens de Bellefond, plus tard remanié et autrement utilisé, que M. Léo Drouyn considéra simplement comme les restes d'une fondation romaine (*).

Je dois placer ici de brèves observations concernant un mégalithe au sujet duquel se produit aujourd'hui une confusion. Sur la liste des monuments préhistoriques disparus figure LE DOLMEN DU BOIS-DU-CARNEY, jadis situé, dit-on, à Potensac près Ordonnac (**). J'en recherchai activement les traces, espérant au moins recueillir quelques souvenirs, comme cela m'a réussi pour les édifices complètement détruits. Parcourant les deux communes, j'ai interrogé quantité d'habitants qu'intéressent ces questions. Après m'avoir dit qu'ils connaissaient parfaitement

(*) Edmond AUGEY. *Notice sur les Dolmens et les Menhirs du département de la Gironde*, page 30.
(**) *Société Archéologique de Bordeaux*. Tome XXVIII, page 63.

le monument et les résultats des fouilles qu'on y
avait opérées, ces propriétaires, enfants du pays,
et très informés des faits locaux, m'ont envoyé
directement à Barbehère, entre Potensac et Saint-
Germain. Suivant eux, il n'y a qu'un bois du
Carney, emplacement de la récente découverte, et
jamais ils n'entendirent parler de l'existence d'un
autre dolmen dans ces parages. Les deux seraient-ils
le même? Je crois que toutes investigations ulté-
rieures resteraient infructueuses.

Le Cromlech de La Capelle

(près Landiras)

Beaucoup de monuments mégalithiques détruits
ont laissé après eux une chronique, un souvenir,
une légende. J'ai connu celui-ci par sa déclaration
d'absence, prononcée il y a quarante-trois ans. L'auteur de cet acte concluant n'avait eu lui-même connaissance du mégalithe que par pure tradition (*).
Ainsi, l'édifice a disparu et ses matériaux sont dispersés. Mais l'endroit solitaire, d'altitude élevée, où
il se dressait jadis, constitue le document principal.
Les cromlechs isolés furent créés pour des collecti-
vités; ils fournissent la preuve certaine de l'existence
d'établissements préhistoriques aux environs, et
pareils indices donnent une sûre orientation aux
investigations archéologiques. Le cercle mégalithique, objet de ce chapitre, était situé au sommet
du coteau de La Capelle, à trois kilomètres de Landiras et huit kilomètres d'Illats. En examinant les
ruines des allées couvertes de cette dernière commune, je compris qu'elles devaient se trouver dans
le rayon d'un cromlech, et de beaux menhirs plats,
aperçus chemin faisant, achevèrent de me convaincre.
Je ne pouvais dès lors me dispenser de visiter l'emplacement d'un monument dont notre cité montre

(*) Léo DROUYN. *La Guienne militaire*. Tome I. Introduction, page XIX.

l'unique similaire relevé dans le périmètre du département de la Gironde.

J'ai traité la question des cromlechs par mon ouvrage consacré à celui du Jardin-Public de Bordeaux. Je ne reviendrai sur ce sujet qu'en ce qui concerne l'importance des cromlechs de la troisième catégorie au point de vue où je me place aujourd'hui : le rôle qu'ils jouent dans la recherche, la reconstitution, la topographie des fondations préhistoriques. Les cromlechs ne forment qu'une infime minorité en regard de la quantité considérable de mégalithes d'un genre différent. Cette rareté s'explique sans difficulté. Les cromlechs isolés marquaient des lieux de rassemblement où se réunissaient les habitants des stations voisines. Les autres monuments garnissaient la périphérie ; le cromlech occupait le milieu. Suivant la configuration et les conditions d'habitabilité des territoires, son siège ne fut peut-être pas exactement le centre géométrique, mais il a toujours été le centre moral. Faute de mieux, je prendrai notre organisation actuelle pour terme d'une comparaison bien imparfaite et très éloignée de la réalité. Le moindre *hameau* préhistorique, composé d'une ou plusieurs familles, a pu, comme des agglomérations plus denses, posséder menhirs, peulvens, dolmens et allées couvertes : le cromlech isolé s'élevait seulement au *chef-lieu*. Quand il ne reste pas de vestiges de telles enceintes de pierres dont les emplacements sont connus, et partout où subsistent des édifices de cette nature, on ne saurait étudier leurs alentours avec trop d'attention, si l'on veut délimiter les sections peuplées aux époques primitives et préciser la situation, l'étendue, la superficie des groupes d'habitations qu'elles renfermaient.

Je viens de lire le compte rendu des séances de Septembre 1908 du Congrès d'histoire et d'archéologie du Sud-Ouest. J'ai eu le plaisir d'y trouver une communication très pratique de M. l'abbé Dubarat, archiprêtre de Saint-Martin de Pau. Quoique le sujet qu'il a traité soit différent du mien, les indications fournies par son judicieux travail offrent beaucoup d'analogie avec mes vues concernant la fixation des établissements de la période mégalithique, dont les traces sont presque entièrement effacées à l'extérieur du sol. L'ouvrage de M. l'abbé Dubarat se rapporte plutôt à l'histoire ; mais ses procédés, semblables à ceux que je préconise, peuvent parfaitement s'appliquer à l'examen de faits appartenant aux temps préhistoriques.

L'Allée couverte
ou le Dolmen de Verduc
(près Budos)

J'ai eu connaissance de ce mégalithe, le 9 Juin
1908, en cherchant le cromlech de La Capelle, dont
il était assez proche voisin. Je regrette de ne pouvoir,
conformément à mon habitude, tracer un itinéraire
précis, parce qu'il faut, pour arriver au monument
situé au milieu des vignes, traverser des bois sillonnés de nombreux sentiers où l'on doit bifurquer à
chaque instant. Je ne fournirai donc qu'une indication générale qui conduira cependant au but, si
l'on opère avec patience. On se rend d'abord à
Menon. Ce village, distant de Landiras d'un kilomètre à l'ouest, renferme un remarquable menhir
troué dépassant terre de 1 mètre 27, large de 52 centimètres et épais de 43. Ensuite, se dirigeant constamment vers le midi, on s'enfonce dans la forêt
jusqu'à ce qu'on rencontre, à 1,500 mètres du
point de départ, le pont rustique jeté sur un petit
affluent du Ciron, le Tursan, qui sépare Landiras
de Budos. Le mégalithe gît, 500 mètres plus
loin, sur le territoire de cette dernière commune,
à la limite de Landiras. L'ensemble de La Capelle (*)

(*) Dans le pays, on prononce *La Capère*.

étant enclavé, comme le clos, emplacement du
dolmen, dans les vastes possessions de M. Jérôme
Dutrénit, je m'adressai à lui au sujet de mon
enquête concernant le cromlech. Après m'avoir
très cordialement communiqué les renseignements
touchant ce monument disparu, l'affable châtelain me parla d'une découverte qu'il venait de
faire, au cours de travaux agricoles exécutés dans
son vignoble de La Lagune-Verduc, à Budos. En
creusant le sol, la pioche heurta un corps dur paraissant d'une certaine longueur. On dégagea soigneu-
sement les côtés et alors apparurent, à 5o centimètres
de profondeur, les ruines d'une allée couverte ou
d'un dolmen orienté du sud-est au nord-ouest et
dont il ne reste que trois pierres : une table et deux
supports entourés de débris calcaires. La table est
longue de 2 mètres 24, large de 99 centimètres et
épaisse de 53. Le support formant l'extrémité septentrionale mesure 94 centimètres de longueur, 84 de
largeur et 5o d'épaisseur. Le bloc couché à l'entrée a 1 mètre 5o de long, 60 centimètres de large
et 42 d'épaisseur. Ainsi que dans un grand nombre
de constructions préhistoriques du même genre, le
couloir créé par l'écartement des piliers a plus de
1 mètre de largeur. L'examen attentif de ces vestiges
mégalithiques m'a démontré que l'édifice avait été,
il y a fort longtemps, démoli, fouillé, puis enfoui
après enlèvement, uniquement attribuable aux des-
tructeurs, d'au moins cinq à huit supports qu'on
voit, tantôt entiers, souvent mutilés, bornant les
héritages contigus. Un ou plusieurs monolithes de
la toiture, d'un volume inférieur à celui de la table
qui existe encore, furent probablement brisés et leurs
morceaux employés à divers usages, comme je l'ai
constaté ailleurs. L'époque de cette dévastation,

impossible à déterminer exactement, remonte vraisemblablement à celle du bouleversement général des monuments préhistoriques.

Malgré les meilleures informations, je n'aurais certainement pas trouvé le mégalithe. Voulant m'éviter des fatigues inutiles, M. Dutrénit eut l'extrême bonté de me faire accompagner par un membre de sa famille. Je prie mon guide, si bienveillant, si distingué, de me permettre de lui présenter mes remercîments profondément respectueux pour son obligeance et les services que m'ont rendus sa sagacité, sa rectitude d'appréciation, durant une étude susceptible d'être goûtée seulement des esprits réfléchis et cultivés. Combien son bon sens, son jugement droit, sa ferme raison, lui inspirèrent spontanément des conclusions plus justes que les gloses alambiquées de trop érudits commentateurs! Heureux le père dont l'enfant unit ainsi, à toutes les grâces de la jeunesse, toutes les qualités sérieuses de l'âge mûr. Le personnel du domaine avait aussi fourni à la promenade archéologique un vigilant et intrépide éclaireur auquel s'offrit l'occasion d'exterminer une grosse couleuvre, hôte fâcheux, quoique peu dangereux, de ces délicieux bocages. L'infortuné serpent tomba victime de son attitude agressive, et ce belliqueux incident augmenta l'attrait de l'excursion scientifique. Je remercie encore une fois mes honorés collaborateurs et leur donne l'assurance que je conserverai précieusement le souvenir reconnaissant de l'intérêt qu'ils témoignèrent avec une si délicate courtoisie à mes travaux préhistoriques.

Le Dolmen de Casevert

(près Rauzan)

Aucun document n'a procuré le moindre détail
sur cet édifice depuis longtemps disparu. En le
classant parmi les mégalithes girondins, M. Léo
Drouyn s'est borné à donner le nom de la localité,
siège du monument (*). L'historien-archéologue ne
vit jamais le dolmen, mais il avait sûrement de
bonnes raisons d'en faire mention (**). La région
renferme, d'ailleurs, tant de restes préhistoriques,
qu'au lieu de se sentir disposé à contester l'ancienne existence de ceux qu'on ne voit plus,
lorsqu'ils sont cités par de réelles autorités, on
est, au contraire, porté à s'étonner qu'il n'y en ait
pas davantage. Situé à 121 mètres d'altitude, le
tertre de Casevert semblait, en effet, indiqué pour
l'érection d'un dolmen, ces édifices se trouvant de
préférence au faîte des endroits élevés. Bien des
gens jugeront parfaitement inutile qu'on s'occupe
d'aussi vieux monuments, s'il n'en subsiste pas de
vestiges réputés authentiques. Tout homme considère les choses sous un angle d'amplitude variable
et certains s'obstinent à interroger le passé afin
d'éclairer l'avenir. L'étude des emplacements méga-

(*) *Société Archéologique de Bordeaux*. Tome XXVIII, pages 56 et 57.
(**) Voir la carte qui suit la page 398 du tome III des *Variétés girondines*.

lithiques n'offre rien de palpitant. Elle ne s'impose
pas à l'égal d'une question brûlante. Cependant,
l'objet ne manque pas d'importance à différents
égards appréciés de géologues et d'ingénieurs
spéciaux. Craignant de fatiguer mes lecteurs par
des développements qui m'entraîneraient trop loin,
et l'ouvrage étant inachevé, faute de renseignements
suffisants, je me propose de revenir sur ce chapitre
quand mon travail aura atteint un degré convenable de maturité. Intimement convaincu de la
portée pratique de l'œuvre, je continuerai à recueillir des informations jusqu'au moment où je pourrai
enfin traiter, pièces en mains, un sujet susceptible
d'intéresser savants et ignorants.

Abandonnant les généralités pour envisager particulièrement le but de mes recherches, je crois
pouvoir espérer que celles-ci n'auront pas été complètement infructueuses. Le hameau de Casevert
est groupé au sommet d'une butte, point culminant
de la contrée, à deux kilomètres au sud de Rauzan,
et se rattache à la commune de Blasimon. Il marque la limite des arrondissements de Libourne et
de La Réole. De cette hauteur, on jouit du magnifique panorama de la campagne environnante où
prospère la culture de tous les produits nécessaires
à la vie. Chaque propriété présente l'image d'une
ferme-modèle. Au nord, le château de Rauzan
profile sur le ciel immense sa tour élancée et ses
grises murailles, solides encore malgré les ans et
les assauts. Quand, venant de Bellefond, on a gravi
l'éminence, on remarque, au seuil du village, un
peu avant l'église en ruines, au pied d'une maison
appartenant à M. Barreyre, un amas de roches
brisées, de nature homogène, fragments d'un ou
plusieurs blocs d'énormes dimensions. La bâtisse,

d'apparence fort ancienne, contre laquelle gît cet amoncellement, porte les traces de réparations exécutées il y a déjà longtemps, ce qui prouve l'antiquité de la construction originaire. Au bord du tas de pierres, on aperçoit deux monolithes placés sur la même ligne, à quinze centimètres l'un de l'autre. Celui de gauche ne forme plus qu'un tronçon ; mais le mégalithe de droite, touchant le mur, est intact. Il a complètement l'aspect d'un support d'entrée. On sait que ceux-ci n'atteignaient généralement pas le volume des suivants. En outre, dans quelques dolmens et allées couvertes, notamment à Barbehère, l'accès se trouvait presque fermé par le rapprochement des deux premiers piliers, après lesquels le couloir allait s'élargissant. Cette ouverture accuse ici une orientation est-ouest. Ces quartiers de roc ne seraient-ils point les décombres du dolmen, démoli parce qu'il empêchait de construire la maison parallèlement à la route, le monument coupant ce plan de biais? Les fragments, déposés à côté, furent sans doute réservés pour un usage futur et sont partiellement demeurés inutilisés. La base extérieure de l'habitation, attentivement examinée ras de terre, montre qu'on a employé quelques-uns de ces morceaux pour les fondations. Les métayers de M. Barreyre, dont l'un a dépassé l'âge mûr, ont toujours vu ces pierres en pareil état et à la même place. Ailleurs, la localité ne renferme rien d'analogue. Tous ces faits m'amènent à conclure que si le dolmen de Casevert a été détruit, j'en ai, peut-être, retrouvé les vestiges, lors de ma visite du 11 Juin 1908.

LE

Mégalithe du Tucau de La Mothe

(près Budos)

Pendant que j'opérais, dans les communes de
Landiras et de Budos, les investigations auxquelles
je dois mes découvertes, j'entendis parler de ruines
situées au village du Pignon, bâti en pleine forêt,
à deux kilomètres au sud de Budos, un peu à gauche
de la route de Villandraut. Je suis allé reconnaître
ces vestiges dont on n'avait pu me préciser l'origine.
Ce sont les restes du château féodal de Jamard, qui
ne rentrent point évidemment dans la catégorie du
Préhistorique. Toutefois, je l'ai déjà dit, quand on
ne trouve pas ce que l'on cherche, on rencontre
souvent, en revanche, des choses qu'on ne cherchait
pas. Durant mon enquête, j'eus l'avantage de recevoir, particulièrement au sujet de Jamard, des renseignements de M. Peyri, propriétaire et boulanger
à Budos. Il m'apprit, en outre, que le domaine de
son beau-père, M. Paubert, renfermait un tumulus
à peine fouillé, sous lequel se montraient de grosses
pierres. Vivement intéressé par ces obligeantes indications, j'ai examiné le monument.
En face et quelques pas à droite de l'église de
Budos, on prend une route dont la maison de
M. Peyri forme l'angle gauche. A douze cents

mètres environ du point initial, il faut bifurquer au
chemin de droite et le suivre, l'espace de six cents
mètres. Au bas de la côte, s'ouvre, à gauche, un sentier conduisant, le long des vignes et des prairies, au
Tucau de La Mothe, placé à deux cents mètres de
l'orée et à deux kilomètres à l'ouest du bourg. Cette
butte surgit, en contre-bas du sol environnant, au
centre d'un inextricable taillis de chênes. Les arbres,
très rapprochés, rendent l'accès difficile; les ronces
achèvent de clore l'entrée presque hermétiquement.
Lorsqu'on réussit à se frayer un passage, on aperçoit
bientôt les fragments d'un dolmen démoli depuis
fort longtemps et réenfoui, comme son voisin de
Verduc. Il reste, de celui du Tucau (*), deux blocs
mesurant, l'un, 72 centimètres de hauteur, 87 de
largeur et 30 d'épaisseur; le second, 1 mètre 17 de
haut, 94 centimètres de large et 48 centimètres 1/2
d'épaisseur. Une douzaine de pierres brutes moins
volumineuses et de même extraction, ayant appartenu au monument, gisent à côté de ces monolithes,
constituant, avec eux, les seules traces connues de
l'édifice mégalithique orienté du levant au couchant
et caché jadis sous un tumulus glaiseux dont la plus
récente exploration n'a donné aucun résultat, puisque la construction qu'il recouvrait fut, il y a des
siècles, bouleversée et dépouillée de son contenu. Ce
butin, principalement composé d'ossements et d'outils primitifs, ne dut enrichir personne : en dépit
du bon sens et de l'expérience puisée à de nombreux
cas analogues, la superstition s'obstine, encore

(*) Toc, Tuc, Touc, Truc, Tucau (Tuc haut), Toucau (Touc haut)
= tumulus, motte, butte de terre. Tous les habitants de la région connaissent la halte de « Toctoucau », sur la ligne de Bordeaux à Arcachon et le
célèbre « Truc de la Truque », entre La Teste et l'étang de Cazaux. Au
cours des manœuvres exécutées, en Septembre 1908, dans le rayon Créon-
Targon-Sauveterre, la 70e brigade a opéré près du village de « Tucaou ».

aujourd'hui, à supposer en ce lieu la sépulture du
« Veau d'or ». J'ai insisté précédemment sur l'inanité
de ces opinions baroques, auxquelles le possesseur du
terrain n'accorde pas la moindre créance. L'existence de pareils débris à cet endroit confirme mes
vues concernant l'importance de l'établissement
préhistorique fondé dans le rayon, où de nouveaux
faits d'ordre identique fourniront leur contingent à
un faisceau de vérités acquises, basées sur d'incontestables réalités.

Les touristes ne quitteront pas la localité avant
d'avoir visité l'ensemble imposant formé par l'enceinte murale et les six tours de son antique manoir.
Dédaignant l'exemple de beaucoup d'autres, cette
fière cité n'a point voulu tirer un parti mercantile
de ses souvenirs historiques. Ici, nul besoin de
s'adresser à un concierge : le château est au bord
de la route, et, comme elle, librement accessible.

Aux amis des arbres, nos grands frères immobiles,
a dit un penseur profondément imprégné du sentiment de la nature, aux esprits convaincus de la
puissante influence de ces protecteurs de toute vie,
je recommande le rare et magnifique groupe de
peupliers qui encadrent le pont du Tursan, sur le
chemin de Budos à Preignac. Géants toujours droits
et verts malgré les ans, ils portent jusque dans les
nues leurs têtes vénérables, calmes au milieu du
tourbillon des éléments, quand la tourmente se dé-
chaîne. Ils jouent avec le vent, conversent avec le
tonnerre. Ils divisent, brisent, pulvérisent la tempête en ployant à son souffle, car, dans leur balan-
cement rythmé, chaque coup creuse une large
brèche à l'intérieur de la trombe dévastatrice. Puis,
revivifiés, rajeunis, vainqueurs de l'ouragan désor-
ganisé, dispersé, ils se redressent, superbes et

resplendissants, saluant le soleil. Mais, ignorant
l'orgueil envers les petits et les humbles, ils offrent,
accueillants et paternels, à l'oiseau fatigué, l'asile
de leurs branches. Et, dans la paix, la solennelle
sérénité des champs, ils murmurent, à l'oreille
charmée du passant qui les admire et sait les comprendre, leur douce et mystérieuse chanson, écho
où se résument, lointaines, les voix de la terre et
les harmonies du ciel.

Je remercie bien affectueusement M. et Mme Peyri
pour la sympathie qu'ils me manifestèrent, d'une
manière si touchante, au cours de mes études.
Accablé par la chaleur, après une marche de six
heures exécutée sans halte sous les effluves embrasés,
irrespirables d'une torride journée de Juillet terminée, d'ailleurs, par un violent orage, j'avais
totalement perdu l'appétit nécessaire à la réfection
de mes forces. M. et Mme Peyri surent choisir
l'aliment grâce auquel il me devint possible de faire
allègrement les dix kilomètres qui me séparaient
de la gare de Preignac. Je n'oublierai jamais les
prévenances dont ces braves cœurs m'ont comblé
avec autant d'intelligence et de délicatesse que de
générosité.

La Stalagmite de Lestiac

(près Langoiran)

Ce n'est pas un monument, mais un phénomène
naturel, et il me semble utile d'y ramener l'attention. Nos concitoyens parlent de pierres singulières,
examinées durant leurs voyages : pierres oscillantes,
pierres tournantes, rochers figurant des têtes d'hommes, d'animaux, roches percées, roches sonnantes,
etc., dont je suis un admirateur assidu. Par contre,
peu d'amateurs de pareilles curiosités vont voir le
remarquable monolithe situé à Lestiac, station du
tramway Bordeaux-Bastide-Cadillac. S'il fallait faire
une longue excursion, les visiteurs bordelais afflue-
raient sans doute : le but se trouvant à portée,
on ne s'en occupe pas. Telle se montre l'espèce
humaine ; et cette anomalie apparente constitue
l'une des causes principales de ses progrès. La
pierre en question ne pouvait passer inaperçue aux
yeux de l'éminent chroniqueur des rives de la
Garonne. Regardant de haut, il n'a cependant rien
omis, rien négligé. L'élan lyrique ne fait point
dédaigner au poète véritable les moindres détails
du réel. Son œuvre peut-elle être autre chose que
l'expression de sentiments inspirés par la réalité
épurée ou agrandie ? Reflet fidèle d'une âme éprise
d'un idéal simple et touchant, le livre trop tôt
terminé jaillit de son cœur ainsi qu'un chant

d'amour et de reconnaissance envers notre pays de
poésie, de beauté. Afin de remédier aux effets du
contact inévitable de brutes rapaces, il me plaît de
songer à l'esprit d'élite qui, à l'exemple de son
divin Modèle, s'efforça généreusement de répandre
autour de lui quelque douceur. Il en mourut, car,
pour ce délicat, ce juste, auquel tout avilissement
librement consenti causait une horreur insurmon-
table, l'état du milieu contemporain, prélude d'un
pire avenir, donnait à la mort plus de charme
qu'à la vie. Relevons donc les succinctes indications
de cette noble intelligence disparue, dont chacun
devrait lire l'ouvrage. « Dans l'ancien parc qui
« fut une dépendance du château de Langoyran,
« les paysans du lieu ne manquent jamais de faire
« remarquer au voyageur une pierre qu'ils désignent
« sous le nom de *champignon*. C'est une sorte de
« stalactite monstre qui, selon ce qu'ils affirment,
« prend un accroissement visible à chaque lune » (*).
Quoique l'objet ne soit, à aucun titre, un produit
de l'industrie humaine, j'ai jugé convenable de le
mentionner, en raison de sa bizarrerie et de sa
proximité.

A deux cents mètres à l'ouest de la gare de
Lestiac, au pied des ruines du manoir de Langoiran, entre la route départementale et la rivière,
dans un vignoble appartenant à M. le Marquis de
Taragon, se dresse cette énorme pierre. A distance,
on la prendrait pour un édifice mégalithique. En
approchant, l'illusion cesse : le bloc affecte la forme
d'un colossal champignon pétrifié, d'environ trois
mètres et demi de diamètre et 1 mètre 15 d'épaisseur. Il ne repose pas à terre, mais, soutenu par

(*) H. DORGAN. *Nouveau Panorama de la Gironde et de la Garonne.*
Page 69.

une tige large de 58 centimètres, haute de 1 mètre 14 et consolidée au moyen d'une légère maçonnerie, il s'élève à une hauteur de 2 mètres 25, laissant un espace de 1 mètre 10 entre son bord inférieur et le sol. L'irrégularité de ses contours rend le mesurage fort difficile, et les dimensions consignées sont, par conséquent, des moyennes, cependant aussi exactes que possible. On dit qu'autrefois il fut troué et préparé intérieurement, et qu'une canalisation amenant les eaux d'une source voisine lui ayant été adaptée, une gerbe s'élançait du centre de son sommet, puis retombait dans un bassin dont la margelle, haute de 95 centimètres, existe encore. Si, au lieu d'être une stalactite, ce qui me paraît discutable, la pierre est d'origine stalagmitique, il ne serait pas extraordinaire qu'à l'époque où l'eau la traversait elle eût continué à grossir. En somme, je considère cette masse comme une pétrification provenant de suintements chargés de calcaire. Elle dut se former, avec le temps, au sein d'une vaste grotte détruite lors des grands travaux d'établissement des fondations du château de Langoiran, reconstruit en 1306, dans les règles de l'art, par les soins de la comtesse Jeanne de Périgord et du pape Clément V. La gigantesque concrétion n'offre point d'éléments aux études archéologiques. Le géologue lui accordera un coup d'œil et le touriste en conservera un intéressant souvenir.

Respectueux de tous les documents d'origine recommandable, je me fais un devoir de placer le suivant sous les yeux de mes lecteurs. « L'Entre-« deux-Mers renferme plusieurs fontaines incrus-« tantes, surtout dans le voisinage des deux rivières. « Nous citerons entre autres les eaux de Langoiran.

« Elles jouissent toutes plus ou moins de cette pro-
« priété, sans en être moins saines. Tout le pied
« du coteau qui longe le fleuve est revêtu d'incrus-
« tations. Dans un champ qui fut autrefois le jardin
« de l'ancien château, on voit un singulier exemple
« de cet effet des eaux, si commun d'ailleurs dans
« tous les pays où elles filtrent au milieu de rochers
« calcaires. Au centre d'un bassin octogone d'en-
« viron 4 mètres de diamètre, un pilier de
« 1 mètre 30 centimètres de haut supportait la cuve
« d'un petit jet d'eau. Quand cette cuve fut revêtue
« d'incrustations, on l'agrandit au moyen de briques
« disposées circulairement et à plat ; l'incrustation
« servit de base ; un cercle de fer consolida l'ouvrage.
« On reconnaît encore quelques traces de ce travail.
« La nouvelle cuve subit le sort de la première ; le
« tuyau lui-même disparut sous cette pierre de
« formation récente. Aujourd'hui, le tout présente
« l'image d'un énorme champignon dont le chapeau
« aurait 65 centimètres d'épaisseur et environ 2 mè-
« tres de diamètre (*), offrant quelque ressemblance
« avec certains monuments druidiques. Le pilier de
« support, les bords du bassin, le sol même par où
« s'écoulait le trop plein, sont revêtus de ces incrus-
« tations grossières et terreuses. Le peuple s'ima-
« gine que le *champignon*, c'est ainsi qu'il le nomme,
« végète encore. Il a végété, pour me servir de
« l'expression populaire, tant que l'eau du jet a pu
« se faire jour ; mais si depuis, le chapeau a subi

(*) La comparaison de ces dimensions avec les véritables, relevées par moi-même, démontre que M. Jouannet n'a jamais étudié directement cette pierre. D'autres historiens et archéologues racontent et décrivent aussi, sans les avoir vues, des choses qu'ils auraient pu voir, puis traitent d'ima-ginatifs les consciencieux qui, rapportant seulement ce qu'ils se sont donné la peine d'aller examiner de leurs yeux et toucher de leurs mains, émettent quelques probabilités conformes à la logique et aux traditions recueillies par l'histoire.

« quelques modifications, c'est par l'effet des eaux
« pluviales (*) ». L'auteur de cet article n'assista
évidemment pas lui-même à la formation de la
pierre, puisqu'elle ornait déjà le parc au XIVᵉ siècle.
Il rapporte, sans en indiquer la source, des renseignements vraisemblablement déduits de l'analogie
générale, malgré leur abondance et leur précision.
Si le bassin où s'accumulait le limon. eût été entouré
d'un cercle, celui-ci aurait donné plus de régularité
à la masse provenant de la solidification de boues
calcaires. Le monolithe est, au contraire, hérissé de
saillies très proéminentes et raviné de profondes
cavités. En outre, on n'y voit trace ni des travaux
ni des matériaux signalés. L'opinion du narrateur
ne constitue donc qu'une hypothèse. Il reste permis
d'en émettre d'autres écartant l'intervention de
l'homme d'une création due exclusivement à la
nature et qui ne sera jamais expliquée avec exactitude, si l'on ne découvre un document ignoré.

Je pourrais présenter des observations complémentaires et, me basant sur ma. première suppo-
sition, en formuler de nouvelles étayées de raisonnements auxquels j'aurais consacré encore quelques
pages, si je n'avais craint d'abuser de la bienveillance
des personnes qui me font l'honneur de s'intéresser
à mes opérations.

(*) F. JOUANNET. *Statistique du département de la Gironde.* Tome I,
page 48. P. Dupont et Cⁱᵉ, Paris, 1837.

L'Emplacement de Reysson

(près Saint=Germain=d'Esteuil)

Pendant que j'explorais l'arrondissement de Lesparre, des ruines situées dans la partie forestière de Reysson (*), à deux kilomètres au sud de Saint-Germain-d'Esteuil, me furent signalées. Je ne pus en obtenir qu'une vague description. Le 23 Juillet 1908, j'ai examiné ces restes, sur la nature et l'origine desquels je n'apporterai pas une vive lumière. Beaucoup de chercheurs les ont déjà vus et rien ne m'a prouvé qu'ils aient été plus heureux.

En venant de la gare de Saint-Germain-d'Esteuil, on rencontre, à droite, un peu avant le bourg, le cimetière dont le mur forme l'angle du chemin de Reysson. A un kilomètre et demi du point de départ, la belle route de Vertheuil, bordée de magnifiques peupliers, coupe le sentier. Au croisement, on voit un groupe de petits menhirs parmi lesquels, à gauche du chemin qu'il faut continuer à suivre, se dresse un monolithe semblable à la « Pierre des Fiançailles », citée au chapitre concernant le dolmen du Pouyau. Cent cinquante pas au-delà s'embranche, à droite, une sente tracée par la circulation, aboutissant, en ligne directe à travers champs, à une planche jetée sur un fossé

(*) En l'absence de documents, j'écris ce nom conformément à sa prononciation.

creusé au pied de la garenne de Reysson. L'emplacement se trouve à moins de cent mètres sous
bois. Ici, on distingue les traces d'une voie pavée
de larges dalles; là, s'ouvrent des orifices de souterrains; plus loin, de grosses pierres font saillie,
à hauteur d'homme, sans laisser deviner si elles se
prolongent horizontalement à une certaine distance
dans le sol et appartiennent à d'anciens monuments,
ou si elles sont simplement l'extrémité de bancs de
roches calcaires. Le terrain est inégal, mamelonné
de buttes pareilles à des tumulus. Ces vestiges me
paraissent fort énigmatiques et il faudrait pratiquer
des fouilles pour savoir à quoi s'en tenir.

L'excursion m'a fourni l'occasion de relever, sur
ce domaine, propriété de M. Paul Moreau de Doyac,
deux tables de dolmen mesurant respectivement
1 mètre 68 et 2 mètres 10 de longueur, 1 mètre 04
et 84 centimètres de large, 15 et 28 d'épaisseur. Cette
zone renferme probablement, vers le sud encore peu
exploré, d'autres édifices préhistoriques renversés et
aujourd'hui enfouis.

Faits nouveaux concernant le Dolmen de Castres=Beautiran

Dans ma **Notice sur les Dolmens et les Menhirs du département de la Gironde,** publiée en Novembre 1905 (G. Delmas, Feret et fils éditeurs), je consacrai un chapitre, intitulé **Le Dolmen près du camp romain de Castres-Beautiran,** à quelques monolithes du voisinage, qui m'intéressèrent lors de mon examen des traces de l'antique *Castra,* dont le dit ouvrage renferme une sommaire description. Les pierres en question paraissaient avoir appartenu à un dolmen et méritaient, à mes yeux, d'être mentionnées. *La Petite Gironde,* par son numéro du 4 Octobre 1908, et *Le Nouvelliste* le lendemain, ayant annoncé qu'un monument mégalithique venait d'être relevé à Castres, non loin du camp, je me suis rendu à l'endroit où, il y a trois ans, j'étudiai les débris préhistoriques jonchant le plateau et j'ai vu debout, sur le terrain qu'ils occupaient, un dolmen récemment érigé. Une quarantaine de blocs assez petits, ou de dimensions moyennes, les uns gisant entassés en un groupe principal à la surface du champ, ou extraits de terre, les autres situés à peu de distance, en raison de leur position dans l'ensemble de l'édifice, ou fragments du dolmen lui–même, dispersés après sa démolition, notamment les peulvens clôturant la propriété de Mᵐᵉ Ragues, puis la plus volumineuse des parties de tables encastrées dans le mur de la maison sise à côté et les supports dressés autour, parmi des décombres, ont servi à former ladite allée couverte, qui m'a paru longue d'environ 4 mètres, haute de 1 mètre 60, large extérieurement de 1 mètre 23 et de 55 centimètres à l'intérieur. Elle est orientée du sud au nord et précédée de six menhirs. Cette construction n'a évidemment pas la valeur d'un mégalithe exhumé dans son état primitif. Ses proportions sont inférieures aussi à celles de nos dolmens. Toutefois, l'hypothétique reconstitution, opérée, à défaut d'éléments plus importants, au moyen des matériaux demeurés sur place, marque d'un jalon original le siège d'une agglomération humaine de temps antérieurs à l'histoire. Personne n'avait encore cité cet emplacement, quand des recherches archéologiques remontant à une date déjà lointaine me fournirent l'occasion de le signaler.

Conclusion

Voici achevée la nomenclature des monuments
mégalithiques connus jusqu'à ce jour dans le département de la Gironde. De nouvelles découvertes
viendront probablement augmenter cette liste, encore
si courte il y a quelque temps. Un regard jeté sur
le chemin parcouru depuis quatre ans nous procure
la satisfaction de constater que la contrée offre à
l'examen des amateurs une collection de mégalithes,
peu nombreux il est vrai, toutefois remarquables par
la variété et l'originalité qu'ils présentent. Notre
pauvreté numérique sur ce terrain résulte non du
manque d'activité des explorateurs, mais surtout de
l'aveugle destruction de richesses à jamais perdues.
Le phylloxéra fut trop longtemps l'ennemi victorieux
de la vigne : celle-ci est devenue le phylloxéra des
édifices préhistoriques, alors qu'avec de la clair-
voyance et des ménagements du côté des viticulteurs
ou après facile accord entre les propriétaires et l'État,
dispensateur de justes indemnités, les œuvres du
passé auraient pu subsister parmi celles du présent,
sans leur nuire ni compromettre l'avenir. Les funestes
procédés d'antan semblent heureusement et générale-
lement condamnés à disparaître, grâce à l'application
de mesures protectrices des intérêts matériels et
moraux.

Conformément à la loi (*), il faut donc éviter de
détruire et, autant que possible, de déplacer les restes
mégalithiques, le moindre vestige pouvant être un
jalon indispensable à la reconstitution d'un ensemble.
Durant longues années, les travaux préhistoriques
se bornèrent à des investigations amenant des trouvailles parcellaires, dépourvues de liaison entre elles.
Maintenant, l'archéologie mégalithique est une
science positive. Elle va, se systématisant de jour
en jour, et nous promet un plan complet de son
immense domaine (**). Ainsi acquerrons-nous graduellement ce qui s'appellerait, à bon droit, sauf
dénomination plus euphonique, *l'Histoire de la Préhistoire*. Mis en éveil par la réalisation de certains
progrès, les esprits avisés, ardents à la recherche
des origines, comprirent que c'était principalement
la région réputée incognoscible qu'il fallait interroger et, des profondeurs de ces âges mystérieux,
des voix se sont fait entendre. Les pierres ont parlé ;
elles parlent encore. Ne serait-ce pas la suprême folie
que d'annihiler de pareils témoins ?

Comme je le disais plus haut, j'ai publié, chacun
sous un titre différent, les cinq volumes composant
le catalogue des mégalithes girondins. Aussitôt
traitée, chaque série a été remise à l'impression.
Si l'on se place uniquement au point de vue biblio-
graphique, on pensera qu'il aurait mieux valu ras-
sembler d'abord les documents essentiels de l'ouvrage

(*) Toute infraction aux dispositions des lois des 30 Mars 1887 et 9 Décem-
bre 1905, concernant les monuments historiques, est punie d'une amende
de 100 à 10,000 francs et d'un emprisonnement de 6 jours à 3 mois, ou de
l'une de ces deux peines seulement.

(**) Bientôt, sans doute, on pourra lui appliquer ce qui a été dit récemment
de l'anthropologie. « *Heute ist die Anthropologie so weit vorgeschritten, dass
« sie* **methodisch** *und* **systematisch** *gelehrt werden kann.* » — 39. *Deutscher Anthropologenkongress.* — *Frankfurt am Main. 3. August 1908.* — Berliner Tageblatt. N° 397.

et l'écrire ensuite d'un seul jet. Des raisons sérieuses déterminèrent ma conduite. Au cours de mes tournées d'études en Bretagne, dans la Gironde, les Charentes, la Dordogne, le Puy-de-Dôme, l'Est, les Pyrénées et jusqu'en Espagne, lorsque nous nous rencontrions aux emplacements mégalithiques, j'entendais, sans prêter une oreille indiscrète aux propos de mes voisins, des étrangers, dont la langue m'est aussi familière que la mienne, parler librement, et avec l'ampleur de verbe due à des repas bien ordonnés, d'un projet d'édition de *Guides préhistoriques* départementaux et régionaux, pour la création desquels ils recueillaient ostensiblement des matériaux. L'entreprise me semblait très utile. Deux éminents archéologues français déjà cités l'ont menée à bonne fin, concernant leur rayon (*). Je la poursuivais dans le mien, espérant voir d'autres compatriotes, apôtres du Préhistorique, imiter cet exemple en leur contrée. Cependant, se laisser devancer par des passants, relativement à la connaissance et la mise en évidence des curiosités scientifiques de son propre territoire, me paraissait devoir porter une regrettable atteinte à la renommée de notre élite intellectuelle. Personne, amis et compétiteurs, n'ignorant mes intentions, je craignais d'arriver trop tard, et semblable perspective ne m'accordait ni trêve ni repos. Jour et nuit, soutenu par la fièvre de l'émulation et du véritable patriotisme qui consiste non à débiter pompeusement ou déclamer majestueusement un boniment invariable, sempiternellement ressassé, ni à brailler tumultueusement, mais à travailler silencieusement, peu ou prou, suivant ses moyens et, en toute circonstance, dans l'intérêt du pays, je

---

(*) Edmond AUGEY. *Supplément à ma Notice sur les Monuments préhistoriques du département de la Gironde*, etc. Page 47.

préparai mon premier volume dont la publication
m'a permis d'atteindre le but avant mes concur-
rents. Mes fascicules complémentaires eurent le même
bonheur. Mon œuvre vaudra ce qu'elle pourra. Si
celles de mes rivaux lui sont supérieures, elle conservera le mérite de l'initiative, aucun ouvrage similaire ne l'ayant précédée. En cette modeste campagne,
rehaussée par la qualité de quelques-uns des belligé-
rants, les couleurs françaises ont ouvert la marche
et occupent les premières positions.

La vie a des moments solennels. Toutefois; elle
ne constitue pas une chaîne ininterrompue de
sublimités, et rarement surgit l'occasion de faire
des actions d'éclat. La trame de l'existence forme
un tissu d'actes qui, à cause de leur constante
répétition, confinent à la banalité, quoique leur
accomplissement régulier soit souvent plus méri-
toire et produise de meilleurs effets que les prouesses
chantées sur les lyres d'or de la gloire. L'artisan
laborieux, appliqué à la parfaite exécution de sa
tâche obscure, sert aussi bien sa patrie que le
grand administrateur et l'habile général. Que chacun
connaisse son métier et le fasse consciencieusement;
rien que son métier. En d'autres termes : que
chacun remplisse le rôle qu'il a choisi; rien que
son rôle. Certaines théories, aussi orgueilleuses
qu'ineptes, se résument ainsi : les bras sont tout;
la tête n'est rien. Or, la tête conçoit; les bras
exécutent. Il y aura toujours des supérieurs et des
inférieurs : les premiers, capables de diriger les
autres auxquels l'obéissance est plus facile, plus
profitable que l'exercice d'un commandement pour
lequel ils n'ont aucune aptitude. Pourquoi perdre
du temps à essayer de disloquer un état normal
organisé par la nature? Ne voyons-nous pas, dans

l'ordre universel, des anomalies, de prodigieuses
inégalités ? Elles sont des éléments de l'harmonie
générale. Appartiendrait-il à une puissance quel-
conque de les anéantir, elles se reconstitueraient
inévitablement par le simple jeu des forces naturelles, leurs créatrices. Il en est, pour le monde
animé, comme dans l'inanimé. Les sujets, isolés ou
groupés, obéissant, sciemment ou à leur insu (*), aux
mêmes impulsions irrésistibles longtemps inexpliquées,
doivent présenter, en leurs grandes agglomérations,
c'est-à-dire les sociétés, des phénomènes identiques.
L'homme ne vit évidemment point en dehors de la
sphère d'influence des lois immuables qui régissent,
de toute éternité, l'infini des êtres et que ceux-ci
subissent sans pouvoir les modifier. Altéré de savoir,
messager du progrès, dominant son entourage, il a
conscience de l'indispensabilité de l'équilibre dont
il parvint à découvrir le mécanisme et comprend
que la mission lui échoit de participer au perfec-
tionnement de cet équilibre, partout où il lui est

(*) CURT BAUER. *Probleme der Zeit.* « *Wir vollbringen es in tausend Dingen*
« *unbewusst wie die Planeten, die sich stets im Gleichgewicht zwischen ihrer*
« *eigenen Schwere und der Anziehungskraft der Sonne bewegen.* » — Berliner
Tageblatt. Nᵣ 398. 7. August 1908. I. Beiblatt.

Cet extrait confirme la découverte d'Auguste Comte. On peut considérer
séparément les lois qu'il a formulées : la raison se refuse à les concevoir
autrement qu'en connexion intime et nécessaire avec le grand courant
universel. Elles s'y rattachent sous l'empire probable d'une seule loi dont la
recherche s'impose opiniâtrément à l'esprit du penseur. A travers les
complications du monde et les combinaisons des objets extérieurs, l'homme
remonte vers l'origine, poursuivant l'unité, car il est lui-même un monde et
cependant une individualité. L'inextinguible désir de connaître le début de
l'existence et la tendance à l'expliquer par un fait unique se manifestent au
sujet de toutes choses. Goethe espéra trouver la plante-mère ; le philosophe
voudrait pouvoir ramener les lois qui régissent les divers ordres de
phénomènes naturels à une loi souveraine d'où elles seraient dérivées.
L'exploration du domaine de l'inconnu donnera bien des résultats inatten-
dus ; mais les causes premières, l'essence des êtres, nous demeureront
éternellement cachées par suite de l'insuffisance irrémédiable de notre
organisme.

possible d'agir, notamment parmi ses semblables. Ici,
la fatidique régularité des mouvements cosmiques
ne se montre ouvertement que dans l'évolution
collective. Elle est moins perceptible dans les rapports individuels, où les dissensions intestines, tantôt
bénignes, graves parfois, sont permanentes. Mais
ces troubles proviennent d'auteurs trop minimes en
regard de l'ensemble du système ambiant pour
exercer sur lui une répercussion et paraître créer
une dérogation aux règles souveraines et intangi-
bles auxquelles toutes choses seront éternellement
soumises dans le domaine cosmogonique. Il y
aurait superfétation à greffer une étude sociologi-
que sur un catalogue de monuments primitifs et
je m'en abstiendrai ; mais tout s'enchaîne dans
l'univers. En allant à la préhistoire, on traverse
l'histoire et, quelqu'absorbé qu'il soit par son
objet, le préhistorien ne peut s'empêcher de faire
certaines remarques. Quand, par exemple, il compare la punition des malfaiteurs d'autrefois avec
celle des criminels d'aujourd'hui, il se demande si
ces derniers ne sont pas plutôt encouragés que
châtiés. Le mépris des devoirs sociaux se manifeste
à des degrés différents. Il y a des délinquants
occasionnels, des dévoyés à responsabilité atténuée,
des ignorants surtout. Qu'ils soient éclairés, ramenés
fraternellement vers le bon chemin et informés que
la récidive exclut l'indulgence. Si l'on veut guérir
le mal, qu'on en supprime les causes. Ainsi qu'on
détruit les mauvaises herbes et les bêtes féroces,
il faut, s'ils ne veulent venir à résipiscence, mettre
hors d'état de nuire les ennemis déclarés de toute
culture, de toute justice, de toute civilisation qui,
s'ils apprécient les fruits du labeur d'autrui, pré-
tendent s'en procurer la possession et la jouissance

8

par le vol et la rapine, au préjudice des propriétaires légitimes. Ces conditions remplies, le problème économique, malgré sa complexité plus apparente que réelle, car les fameuses « questions sociales » sont réductibles à l'unité, sera en voie de solution. Voilà un idéal précis, réalisable si on le voulait fermement, y voyant un remède efficace à des maux dont tout le monde souhaite la fin, mais, malheureusement, à la continuation desquels beaucoup de braves citoyens doivent leurs emplois et trouvent des avantages assurément honorables, qu'on pourrait certainement compenser s'ils les perdaient par la disette d'hôtes pénitentiaires. On devrait alors rompre avec des traditions de tolérance réprouvées, en leur for intérieur, par la plupart de ceux qui, assemblés, se font les éloquents protagonistes de ces dispositions légales, reniant ainsi leurs intimes convictions et condamnant à la stérilité l'expérience acquise par l'observation et l'analyse de faits positifs, irréfutables. « L'idée, avec ses « catégories, surgit de l'action et doit revenir à « l'action, à peine de déchéance pour l'agent. » PROUDHON (*). — En conséquence, il faut s'opposer énergiquement à la pénétration, dans nos codes, des suggestions de cette absurde et superficielle sensibilité, plutôt « sensiblerie », caricaturale reproduction de la noble pitié. Par une bizarre contradiction, le factice remplace le réel dans la détermination du sentiment. Au théâtre, des douleurs simulées provoquent une explosion de larmes : ailleurs, on regarde d'un œil sec de véritables souffrances ou on s'en détourne indifférent. On doit réagir contre ces tendances anormales. Elles conduisent fatalement,

(*) Albert PRUDHOMME. *Théorie de l'instruction intégrale.* E. Dentu, Paris, 1865.

sans qu'on y prenne garde, à l'engourdissement, à la perversion radicale du sens moral. Des peuples de mœurs douces, d'un naturel profondément humain, doivent à leur législation, d'une inflexible sévérité quand l'urgence le commande, la tranquillité, la sécurité publique, le respect du droit commun. Néanmoins, il ne paraît guère probable qu'on se hâte, chez nous, de rebrousser chemin sur une voie où l'on est déjà allé trop loin.

Afin de terminer ce livre autant que son objet le comporte, puisqu'il reste ouvert à l'enregistrement des découvertes futures, et voulant fournir à mes lecteurs tous les renseignements de détail désirables, j'ai joint à ce cinquième fascicule une table générale destinée à les satisfaire immédiatement. Quelques restes, d'apparence mégalithique, m'ont été signalés sur divers points. Il s'agit principalement de menhirs. Ceux-ci ne dépassant pas les limites de l'espace occupé par les groupes connus et ne présentant, d'après la description qu'on m'en a faite, aucun intérêt particulier, je remets à plus tard un examen qui, d'ailleurs, n'apportera pas de nouvelles lumières sur la situation des établissements préhistoriques dans le département de la Gironde.

Un dernier mot. J'ai vu moi-même chacun des monuments et emplacements mégalithiques traités dans les cinq volumes de cet ouvrage. Les faits rapportés par ouï-dire ont toujours été accompagnés de l'indication de leur source. Ainsi que le constructeur plante le laurier au faîte de l'édifice qu'il vient de finir, je puis, en toute conscience, prendre, pour clef de voûte du mien, la déclaration par laquelle, il y a plus de trois cents ans, l'illustre auteur des *Essais* commençait son œuvre immortelle : « *C'est icy un livre de bonne foy.* »

Nomenclature complète

des

monuments et emplacements mégalithiques

connus en 1908

dans le département de la Gironde

~~~~~~~~~

Comme on a pu le remarquer, l'arrondissement de Bazas ne figure pas dans ce catalogue. Cette région ne possèderait-elle réellement aucun monument mégalithique ? J'attire sur ce point l'attention des archéologues qui disposent, pour leurs recherches, de ressources supérieures aux miennes.

Octobre 1908.

Ed. AUGEY.

61249. — BORDEAUX. — IMPRIMERIE G. DELMAS, RUE SAINT-CHRISTOLY, 10.

www.ingramcontent.com/pod-product-compliance
Lightning Source LLC
Chambersburg PA
CBHW060603100426
42744CB00008B/1293